歴史文化ライブラリー

323

戦国時代の足利将軍

山田康弘

吉川弘文館

目　次

戦国時代の足利将軍を問い直す——プロローグ

冷笑されてきた戦国将軍

中学や高校の日本史教科書をみると、たいていの場合、足利将軍・室町幕府に関する実質的な記述は「応仁の乱」(一四六七〜七七年)でおしまいである。それ以降は、「室町時代の文化」などの記述があり、次いで武田信玄や上杉謙信といった、日本列島各地に生まれた「戦国大名」に話題が移ってしまう。その後、応仁の乱から百年後の一五六八年に織田信長が京都に登場してくることによって、足利将軍(最後の将軍足利義昭)が再び教科書にあらわれてくるが、それまで足利将軍・幕府は教科書にはほとんど登場しない。「一体、将軍はこのあいだ何をしていたのか?」。こういった疑問をお持ちの方もおられるのではないだろうか。

このように多くの教科書で、応仁の乱以降の幕府・将軍がほとんど「あってなきがごとき」扱いになっているのは、いうまでもなく、この応仁の乱によって幕府はまったく無力となり、将軍もまた重臣たちに実権を奪われて傀儡《かいらい》になってしまった、と理解されているからにほかならない。ちなみにこうした、戦国時代（応仁の乱以降）の幕府・将軍は無力で傀儡であった、という理解は、明治時代に入って近代的な日本歴史学が確立された当初から存在していた。たとえば大正十二年（一九二三）に刊行された田中義成《よしなり》氏の名著『足利時代史』をとりあげてみよう。

本書は、明治から大正のはじめにかけて活躍した歴史学者田中義成氏の、東京帝国大学文科大学における講義案を門下生たちが整理して刊行したものであり、今日でも高い評価をうけているが、そこには次のような記載がみえる。すなわち、戦国時代というのは足利将軍にとって「衰弱時代」や「滅亡時代」にあたるのであり、この時期は「幕府の命令はこれよりして漸《ようや》く行はれざるに至り、将軍は徒《いたずら》に虚器《きょき》を擁《よう》するのみとなり、その実権は細川氏に帰し、日を追うて衰弱に赴《おもむ》けり」、「この期に於《お》ける将軍は只《ただ》一箇の装飾に過ぎずして、主権者更迭《こうてつ》する毎《ごと》に、自《みずか》ら好む所の装飾物を居ゑ更《すえか》へしのみ。故《ゆえ》に足利将軍は徒《いたずら》に其名《その》を存《そん》するも、其実は既《すで》に已《すで》に亡《ほろ》びたりしなり」とある（一〜四頁、明治書院、一九二三年)。つまり、戦国時代の将軍は実権を奪われて「虚器」となり、実力者の単なる「装飾物」に成り果てて事実上すでに滅亡していた、というわけである。

このような理解は、今日でも大方の研究者によって引きつがれている。たとえば、近年多数刊行されている中世・戦国史関連の概説書などをみても、そのほとんどが戦国時代の足利将軍については十分な記載がないか、あったとしても「無力であった」といった、従来からのいわば常套的描写がみられるにすぎない。中学や高校の日本史教科書が、戦国時代の幕府・将軍のことを「あってなきがごとき」扱いにしているのは、こうした状況が反映しているといってよかろう。

そして、このような研究状況や教科書の記述もあって、戦国時代の足利将軍についての今日の一般的なイメージはすこぶる悪い。戦国時代の足利将軍などは権力を重臣に奪われて無力となり、ただ酒色にふけって無為無策に日々をすごす体たらくであった——今日における戦国時代の将軍についてのイメージとは、およそ以上のようなものであるといえよう。長い日本の歴史のなかには尊敬すべき名君、英主もいたし、目をそむけたくなるような暴君、暗主もいたが、戦国時代の足利将軍ほど今日の人びとからひどく「冷笑されている」権力者を私は知らない。本書を手に取られた読者諸氏も、ひょっとしたら戦国時代の足利将軍についてこうしたイメージをお持ちかもしれない。

しかし、戦国時代の将軍は、本当に無力で取るに足らない存在であったのだろうか?。実は、この点を正面からとりあげて検証した研究というのは意外なことにきわめて少ない。「戦国時代の将軍は無力である」ということが昔からいわば自明の前提とされてきたことから、そのような将軍をことさらにとりあげて研究することは無意味だとされ、これまで戦国時代の将軍はほとんど学問の対象外とされてきたからである。さすれば、次のような疑問がわきあがってこないだろうか。一体、戦国時代の将軍というのは本当に無力で、取るに足らない存在であったのか、という疑問である。

本書で、この疑問を解き明かしていくことにしよう。

本書の構成

戦国時代の足利将軍は無力であった、とよくいわれるが、なぜそのような将軍が戦国時代百年間にもわたって途中で滅亡せず、最後の将軍義昭にいたるまでともかくも存続しえたのであろうか。またそもそも、戦国時代の将軍というのは本当に無力であったのだろうか。もし無力ではなかったとするならば、なぜ無力にならなかったのであろうか。そして結局のところ、戦国時代の将軍とは一体どのような存在であったと考えるべきなのであろうか。

以下、こうした問題を次の四つの章に分けて検討し、戦国時代の将軍を問い直していくことにしよう。すなわち、最初の「将軍存立をめぐる基礎知識」の章では、足利将軍の基本的な存立の仕組を解説し、また本書でキーワードになる「広義の幕府」「狭義の幕府」や「上の承認に基づく公権」「下からの公権」についても説明しておくことにしよう。次の「戦国時代の将軍と大名」の章では、戦国時代の足利将軍と各地の大名たちがどのような関係にあったのか、という問題を検討し、多くの大名たちが戦国時代にいたっても将軍を無視しなかったのはなぜなのか、といった点を、よくありがちな観念論・抽象論ではなく、できるだけ具体的な事実関係の中から具体的に明らかにしていくことにしよう。

次の「将軍義昭と織田信長」の章では、最後の将軍である足利義昭と織田信長をとりあげ、義昭と信長との関係の実態や、そもそもこの二人はなぜ対立するにいたったのか、といった問題を考えていこう。そして最後の「〈天下〉の次元の三和音《トライアド》」の章では、戦国時代の列島社会というのは全体としてどのようにイメージされるのか、そして、この戦国期列島全体において将軍はどこに位置し、列島社会のどのような側面を生み出していたと考えられるのか、つまり、戦国時代の将軍とは結局のところ何であったのか、という点を、歴史学とは少し異なった視点からアプローチしていくことにしよう。

なお、これまで「戦国時代」と書いてきたが、この戦国時代がいつから開始され、いつまでつづくのか、という点については研究者のあいだでも意見がわかれている。戦国時代を十五世紀後半から十六世紀の後半までの約百年間とすることについてはおおむね意見の一致をみてはいるものの、その始期については、応仁の乱（一四六七〜七七年）とする意見があったり、明応二年（一四九三）に起きた将軍廃立のクーデターである「明応《めいおう》の政変」をもって戦国時代の始期とする見解もある。

一方、戦国時代の終期については、織田信長の上洛（一五六八年）とする見方もあれば、信長による将軍義昭の京都追放（一五七三年）をもって終期としたり、あるいはもう少し後、豊臣秀吉が小田原北条氏を下した天正十八年（一五九〇）を戦国時代の終期とする意見もあって、これまた定説をみていない。

私も戦国時代を厳密にいつからいつまでとすべきなのか、万人が納得できるような見方をここで述べることはできないが、戦国時代の始まりと終わりとが曖昧なのも、この時代の足利将軍を考察するうえで不便であろう。そこで本書では便宜的に、応仁の乱が一応の終焉をみた文明九年（一四七七）から、信長によって京都を追放された将軍義昭が大坂の豊臣秀吉のもとに参礼し、豊臣氏を中心とする体制に完全に包摂されることになる天正十五年（一五八七）末までの約百年間を、とりあえず「戦国時代」として議論を進めていくことにする。

将軍存立をめぐる基礎知識

相互に補完しあう将軍と大名

広義の幕府と狭義の幕府

われわれは十四世紀前半に成立した、足利将軍（室町殿）を頂点とする政治機構を「室町幕府」と称している。ところで、この室町「幕府」という言葉が学術用語として使われる場合、以下のような二つの意味で使われることが多い。

その一つは、将軍を頂点とし、管領《かんれい》や侍所《さむらいどころ》、政所《まんどころ》といった京都にある中央機関と、律令制以来の行政区分である国（または郡）ごとに置かれた守護（や守護代、さらに鎌倉府、九州探題《たんだい》など）といった地方機関とをあわせた組織の総称として「幕府」という用語が使われる場合である。以下、このような幕府を「広義の幕府」と呼んでおこう。

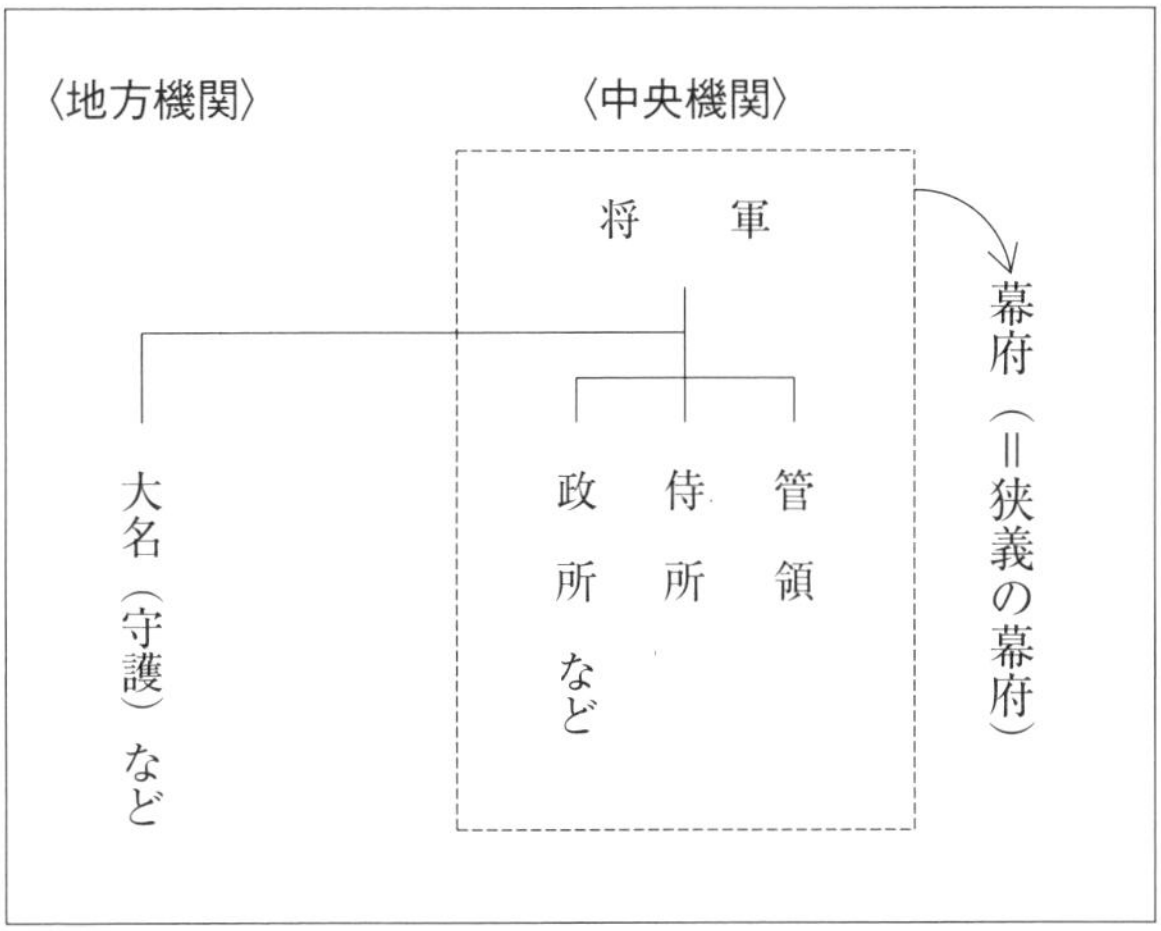

図１　〈幕府〉（＝広義の幕府）

もう一つは、「幕府と守護との関係はどうであったのか？」といった表現がしばしば学術論文などでみられるように、京都の中央機関と、守護などの地方機関とを便宜的に別個のものとして区別し、将軍をふくめた京都の中央機関のみを「幕府」という場合である。もちろん、中央機関と地方機関とを別個のものとして区別する、といっても、地方機関の守護たる大名が中央機関の管領や侍所頭人《とうにん》などに就任しているのであるから、人的には両者を明確に区別することはできない。あくまで組織として区別するわけである。以下、こちらの幕府のことを「狭義の幕府」と呼んでおこう。

これまで「幕府」という用語が学術論文

などで使われる際、この用語が狭義と広義のいずれの幕府を指しているのか不明確な場合が多かったが、両者はやはり分けておく必要があるだろう。なお、「狭義の幕府」「広義の幕府」という表記ではやや煩雑なので、以下本書では、単に幕府と記す場合は狭義の幕府を意味することとし、広義の幕府を示す場合は〈幕府〉と表記していく（以上、前頁の図1を参照）。

将軍存立の仕組

さて、この幕府（＝狭義の幕府）、および幕府の首長である将軍は、きわめてユニークな存立形態をとっていた。それは、軍事や洛中警察、上意の実効性といったその存立の重要部分を守護たる大名たち――俗に「二十一屋形」と称されるように、斯波・細川・畠山・山名・京極・一色氏など二十数家あった――に支えられなくてはならない、という仕組に戦国時代以前からもともとなっていたということである。

まずは将軍の軍事面から述べていこう。そもそも、幕府の首長である将軍のもとには「奉公衆《ほうこうしゅう》」と称される将軍直臣を中核にした、およそ千〜二千人規模と推定される直属軍が置かれていた。しかし、この程度の規模の直属軍だけでは大規模な謀反《むほん》の発生といった重大事変には十分に対処することができない。そこで、重大事変が発生した際には将軍から守護たる大名たちに出陣命令が下され、これら大名たちの軍勢と将軍直属軍とが将軍の指揮のもとに合同して事変に対処する、ということになっていた。たとえば、応永六年（一三九九）に発生した「応永の乱」（大内氏の反乱）に際しては、将軍直属軍たる「御馬廻二千余騎」を中核に、細川・京極・赤松・畠山・斯波・吉良・石堂・吉見・渋川・一色・今川・土岐・佐々木・武田・小笠原・富樫・河野といった諸大名・諸将の兵によって「三万余騎」が編成され、謀反の鎮圧がはかられたという（「応永記」、『群書類従』二〇輯）。

次に洛中警察についてふれよう。将軍の膝下《しっか》たる洛中（＝京都内）の警察は、幕府の侍所によって担われることになっていたが、この侍所の洛中警察兵力は、主として侍所頭人（＝侍所の長官）に就任した有力大名（侍所頭人は山名・一色・赤松・土岐・京極といった有力大名が交替で就任した）のもつ兵力に頼っていた。また、大規模な土一揆の蜂起といった、侍所だけでは手に負えない事件が発生した場合には、在京するすべての大名が将軍の命令を受けて出陣し、侍所とともに合同で事件に対処する、ということになっていた。つまり、将軍は軍事面のみならず、洛中警察についても事実上大名たちの兵力に依存し、支えられていたわけである。

次に上意《じょうい》の実効性について述べよう。そもそも将軍は、荘園領主である寺社本所などの要請を受け、荘園の領有権を永続的に安堵するといった上意（＝将軍の命令）を「御判《ごはんの》御教書《みぎょうしょ》」や「管領奉書《ほうしょ》」「幕府奉行人奉書」などの文書によって寺社本所らに下していた。ただし、荘園が地方にあったり、荘園の領有権を侵害している相手が大名の関係者であったりした場合などでは、この上意が十全の実効性を発揮するには、関係する国（郡）を管掌する守護たる大名がこの上意に同意する、ということが必要であった。そのため寺社本所らは、たとえば荘園の領有権を安堵するとの上意を「幕府奉行人奉書」などの文書によってもらい受けると、この幕府奉行人奉書を守護たる大名に見せて同意してもらい、大名から「御下知（＝幕府奉行人奉書）の旨に任《まか》せて…」といった、上意を追認するとの旨の記された文書をさらにもらい受ける必要があった。もし大名が上意に同意してくれなければ、将軍から上意が出されてもこれが十分な実効性を発揮しない、という場合もあったのであり、さすれば、上意の実効性もまた大名たちの同意によって支えられていた、といってもいいであろう。

将軍存立の「前提」

このように、将軍は戦国時代以前からすでに、軍事、洛中警察、上意の実効性といったその存立の重要部分を守護たる大名たちに支えられなければならないという仕組、いいかえれば、大名たちから常に協力を受け、大名たちといわばペアーになっていなければ完結した一個の政治権力体として十分に機能しえない、という仕組になっていた。しかし、将軍の存立の仕組がこうしたものであったとすると、ここでただちに次のような疑問が出されるであろう。

すなわち、このような、大名たちから常に協力を受け、いずれかの大名たちとペアーにならなければ完結した政治権力体として十分に機能しえない、といったいわば「大名あっての将軍」という仕組では、もし大名たちが将軍への協力を拒否し、上意に従わない、などといった事態にいたれば、当然ながら将軍はたちまち機能不全に陥ってしまうということになる。にもかかわらず、どうして将軍はもともとこのような存立の仕組になっていたのか、という疑問である。一体なぜなのであろうか。

これは「大名たちが将軍への協力を拒否する」などという事態がそもそも想定されていなかったからだと判断される。つまり、大名たちは将軍から上意が下されればこれを遵守し、しっかり将軍に協力を提供してくれるはずだ——このことが前提となっていたからこそ、将軍は右のような仕組になっていたのではないかと考えられる。しかし、一体なぜこのようなことが「前提」になりえたのであろうか。次にこの点を検討してみよう。

将軍の公権の起源

ところで、「権力」とは何であろうか。権力とはごく一般的にいえば「他者を強制的に従わせる力」ということができよう。したがって、権力とは「暴力」といいかえてもあるいはいいかもしれない。

そうだとすると、人は、壮年の男性はもとより女性も子供も老人もそれぞれ程度の差こそあれ暴力をもちうるのであるから、人は誰もが暴力という権力をもっている、ということになる。しかし、個々人がそれぞれ無規律・無確定にこの権力（＝暴力）を行使してしまうと、社会は「食うか食われるか」といった、T・ホッブズのいう「各人の各人に対する戦争」状態に陥ってしまうことになるであろう（『リヴァイアサン』第十三章、岩波書店、二〇〇八年）。そこで、人びとはかかる戦争状態にいたることを阻止し、自己の安全を確保していくために、自らが本源的にもっているこの権力を自分たちが支持する「誰か」に委ね、その行使を円滑に遂行するよう依頼することになる。この「誰か」こそが「権力者」であり、ここに権力者の起源を求めることができよう。

さすれば、足利将軍のもつ権力の起源についても、同じような論理で説明できるのではないだろうか。すなわち、十四世紀前半に日本列島（北海道と沖縄は除く。以下同じ）に住まう人びとの多数派から、列島の平和と秩序を維持しうる「器量の仁」として支持され、その権力を最終的に委ねられた者こそが足利将軍（尊氏）であり、列島に住まう人びとの多数派から（意識的ないし黙示的に）委ねられたこの権力こそが、足利将軍のもつ権力の本質にほかならない、という理解である（そしてこの権力を使って少数派を強制的に従わせるわけである）。以下、多くの人びとから委ねられた権力のこのような集合体を「公権」と呼んでおくことにしよう。

上の承認に基づく公権

さて、こうして列島規模の公権を入手し、列島に君臨するようになった足利将軍は、全国六十あまりあるほぼすべての国（郡）ごとに「守護」というポストをつくり、斯波・細川・畠山・山名・京極・一色氏といった、主として足利氏一門の部将たちをこれに任じた。こうすることによって将軍は、麾下《きか》の一門部将たちに自分のもつ公権を分与し、彼らに各国を管掌させようとしたのである。この結果、足利一門の部将たちは一国規模の公権を入手し、それぞれの地域に君臨する「大名」になっていった。

守護たる大名たちの公権については、およそ以上のような「将軍からの公権分与」という形で説明されることが多いのであるが、次のような見方もできるであろう。すなわち、足利一門の部将たちは、①将軍から守護に任じられたことによって、②守護任国となったそれぞれの国の在地の人びと（より直接的にはその国を代表する有力武士たち）から支持され、彼らが本源的に持っている権力（＝暴力）を委ねられることになり、③その結果、一国に君臨する公権を入手して大名になっていったのだ、という見方である。むしろこちらのほうが、将軍からの公権分与論よりもより適切ではないかと考えられる。

さて、こうして足利一門の部将たちは一国に君臨する大名になっていったわけだが、彼らの多くはもともとは三河などの小豪族にすぎず、それゆえ守護に任じられた国に以前から何か堅固な基盤があるわけではなかった。したがって、足利一門の部将たちが守護任国の在地の人びとに支持され、その権力を委ねられて任国に君臨する公権を得ることができたのは、彼ら部将たちがひとえに「将軍からその国の守護に任命された者であった」ということが多くの場合、当初はきわめて大きかった。

つまり、足利一門の部将たちは、将軍から守護に任命されることによってはじめて地元の在地の人びとから支持され、彼らのもつ権力を委ねられて一国に君臨する公権を有する大名になりえたのであり、いいかえれば在地の人びとは、足利一門の部将の某が自分たちの支持する将軍から守護に任じられた人であったがゆえにこの某を支持し、自分たちの守護として認め、自分たちのもつ権力を某に委ねたのである。そうした意味からいえば、足利一門の部将たち＝大名たちのもつ一国の公権というのは、将軍から守護に任命されたことに基づく公権、すなわち「上（＝将軍）の承認に基づく公権」とでもいうべき性格のつよいものであった。したがって、大名たちがもし将軍と対立し、将軍から守護の称号を剝奪されてしまったりすると、その大名は守護任国の在地の人びとからたちまち見放されて公権を失い、短期間で没落してしまう、ということも珍しくはなかった。

　このように、大名たちは「将軍あっての大名」であったわけであり、それゆえに多くの大名たちは、将軍の上意が下されたならばこれを簡単には拒否しにくく、将軍から協力を命じられたならばこれに応じざるをえない、という立場にあった。だからこそ、将軍存立のあらゆる仕組は、先に述べてきたような「前提」――将軍の上意が下されたならば、大名たちはこれを遵守し、軍事・洛中警察・上意の実効性といった将軍存立の重要部分において協力を提供してくれるはずだ、という前提に基づいて構築されるにいたったのだと考えられる。大名たちが常に将軍に協力を提供してくれる存在であったならば、将軍自身が多大な直轄軍などをわざわざ常時擁している必要はないのであり、さすれば将軍存立の仕組は、将軍にとってそれなりに合理的・経済的なものであった、といってもよかろう。

以上のように、将軍（幕府＝狭義の幕府）はその存立の重要部分を守護たる大名たち（＝二十一屋形）に補完されるなど、まさに「大名あっての将軍」であったのであり、一方大名たちのほうも、将軍から守護に任命されることではじめて在地の人びとから支持され、彼らが本源的にもっている権力を委ねられて一国に君臨する公権を入手できるなど、「将軍あっての大名」といった立場にあった。

相互に補完しあう将軍と大名

したがって、将軍と守護たる大名たちとは相互に補完しあっていたといえるわけであり、さすれば〈幕府〉（＝広義の幕府）とは「相互に補完しあう将軍と大名たちとの総体」と表現するのがもっとも適切といえよう（なお、このような将軍と大名たちとの相互補完関係を学問上では「幕府―守護体制」と称することがある）。しかし、こうした将軍と大名たちとの相互補完関係はその後次第に変化していく。なぜ、そしてまたどのように変化していったのであろうか。次にこの点を説明していこう。

戦国時代の幕府と〈幕府〉

下からの公権

本来「守護」というポストは世襲制ではなく、一定の期間ごとに将軍の命令によって交替することを原則としていた。しかし、守護のポストが部将たちの恩賞としてあつかわれてきたこともあって、次第に特定の国の守護のポストを特定の大名家が代々独占して世襲していくようになっていく。そして、こうした守護の世襲化にくわえ、大名家の歴代当主が地元の利益保護を積極的に（時には部分的な上意の無視、サボタージュさえ敢行しながら）進めていった結果、ちょうど今日における世襲国会議員と選挙区の有権者との関係のように、守護を代々世襲する大名家と、守護任国における在地の人びととのあいだには次第に緊密な関係が構築されるようになっていった。

そして、ついに守護任国における在地の人びとは、大名家当主の某を「将軍から守護に任命された者である」がゆえに支持する、というのではなく、「某が、これまで長期にわたって守護の地位を独占的に世襲し、その国の平和と秩序を維持する責任を代々まっとうしてきた（そして今もまっとうしている）大名家の当主である」がゆえに某を自分たちの守護として支持し、自分たちのもつ権力（≒暴力）を彼に委ねる、といった形に変化していった。こうして大名たちは、もはやかつてのように将軍からの承認（守護への任命）を前提とした「上の承認に基づく公権」でなく、将軍からの承認を前提としない文字どおりの「下（＝在地）からの公権」に主として依拠しながら各地に君臨するようになっていったのである。

こうなってくると、地元の有権者たちと緊密な関係をもった世襲国会議員が所属政党を除名されてもただちに没落せず、選挙の際に多くの有権者たちから一票を委ねられてやすやすと再選を果たしてしまうように、大名たちは将軍と対立し、将軍から守護の称号を剝奪されたとしても、もはやそれだけではただちに没落してしまうことはなくなっていった。大名たちは次第に将軍から自立して、かつてのような「将軍あっての大名」ではなくなっていったわけであり、これこそがいわゆる「戦国大名」化と呼ばれる現象であった。

自立していく大名たち

このような大名たちの自立が顕著化していった時期は厳密には定かではなく、それぞれの大名ごとにそのおかれた諸条件によってさまざまに異なっていたと考えられるが、遅くとも室町時代の中ごろ、十五世紀中葉あたりにはおおよその大名たちのあいだで本格化していったのではないかと考えられる。そして、こうした大名たちの自立化をより一層促進していったのが「応仁の乱」（応仁・文明の乱ともいう。一四六七〜七七年）であった。

文正元年（一四六六）九月、八代将軍義政の専制政治を崩壊に追い込んだ大名たちは、その後、細川勝元を支持するグループと、山名宗全を支持するグループとで抗争をしはじめた。これが応仁の乱である。この乱は当初は京都での闘争であったが、たちまち列島各地に飛び火し、それゆえに京都で闘争しあっていた大名たちは、次第に自分たちの国元に不安を感じるようになっていった。その結果、応仁の乱が一四七七年に一応の終結をみると、大名たちは京都からそれぞれの地元に下り、その多くはそのまま在国しつづけた。

そもそも、守護たる大名（＝二十一屋形）は将軍から在京を義務づけられており、将軍の許可なく勝手に国元に下国することは将軍への謀反とされ、討伐の対象にされていた。しかし、応仁の乱以降、大名たちは京都をつぎつぎに離れ、将軍から上洛を命じられても言を左右にしてこれに従わない大名たちも多かった。もはや、将軍には大名たち――「上の承認に基づく公権」ではなく「下からの公権」に依拠して各地に君臨するようになっていた大名たちを京都に留める力はなく、大名たちは将軍から地理的にも離れたことによって、ますます自立傾向を顕著化させていった。

では、このような大名たちの自立化・在国化は、幕府（＝狭義の幕府）と〈幕府〉（＝広義の幕府）にどのような影響をおよぼしていったのであろうか。まずは幕府について述べていこう。

機能していた戦国幕府

応仁の乱以降、すなわち戦国時代になって多くの大名たちが京都を離れて在国するにしたがって、大名たちの姿が少なくなった幕府内では、将軍やこれに直属する武士たちが台頭し、幕府運営の主導権を握るようになっていった。ところで、こうした戦国時代の幕府については「実質的にはもはや機能を停止し、形骸化していた」などといわれることがあるが、そのような見方は明らかに事実に反する。

たしかに戦国時代になると、これまで在京していた大名たちが在国するようになり、それにともなって各地方の人びとは、地元で何か紛争が発生した場合、次第にこれを幕府ではなく地元の大名のもとに持ちこみ、大名に解決を委ねていく、という傾向をつよめてい

図２　戦国時代の幕府の中心、京都の将軍御所（上杉本『洛中洛外図屏風』米沢市上杉博物館所蔵）

った。しかし、洛中洛外の寺社本所や在地領主・町衆・惣村などは、戦国時代にいたっても、京都およびその周辺部において紛争が発生すると依然として幕府のもとに訴訟を持ちこんでその解決を依頼し、将軍から権利を安堵するとの上意の記された公文書（主として「幕府奉行人奉書」という形式の文書）をもらい受けていた。

つまり、幕府のもとには戦国時代にいたっても、洛中洛外のさまざまな人びとから多くの訴訟——金銭貸借や土地の売買をめぐる問題の調停、種々の権利の安堵、債権保護や債務破棄要請、押領《おうりょう》の禁止依頼、犯罪人の追捕《ついぶ》要請といった案件等々——が持ちこまれ、その解決が依頼されていたのである（それゆえ、戦国期の幕府のもとにはさまざまな内容の訴状が数多く提出されており、そうした訴状〈の写し〉が今日においても大量に残されている)。いうなれば、幕府は戦国時代にいたっても、日本列島最大の経済先進地帯であり人口集中地域でもあった京都およびその周辺部において、裁判機関の一つとしてなお多くの人びとから期待され、数多くの案件を処理して一定の機能を果たしていたわけであり、こうしたことを考えるならば、戦国時代の幕府は「形骸化していた」どころか、地方の二〜三ヵ国を領する大名に匹敵するほどの重要性を依然として有していた、といっても決して過言ではないであろう。

では、戦国時代の幕府内では、具体的にどのようにして訴訟が処理されていたのであろうか。幕府に提起された訴訟は「御前沙汰《ごぜんさた》」(雑訴方)と「政所沙汰《まんどころさた》」(政所方)という二つの方式によって基本的に処理されていた。このうち「政所沙汰」では、金銭貸借や土地の売買、債権保護や債務破棄といった、主として経済関係の比較的軽微な訴訟案件が処理され、「御前沙汰」ではそれ以外の案件、たとえば、所領の安堵や押領人の排除、犯罪人の処罰といった訴訟の裁判、さらに幕府内の諸儀式、宗教政策、諸大名への対応といった政務一般の問題が処理されていた。では、そこでは具体的にどのような手続がなされていたのか。少し煩雑になるが、戦国時代の「御前沙汰」と「政所沙汰」の具体的な手続をごく簡単に紹介しておくことにしよう。

まずは「御前沙汰」のもっとも基本的な手続のありさまを、戦国時代中ごろの十二代将軍義晴《よしはる》治世期における御前沙汰を素材にしながら紹介しよう。

御前沙汰の手続

戦国時代の御前沙汰は、基本的には将軍とその側近衆、そして幕府奉行人によって担われていた。この「幕府奉行人」というのは、飯尾・松田・諏方・斎藤・清氏といった、鎌倉幕府以来の世襲法曹事務官僚のことであり、御前沙汰に携わることのできる奉行人（御前奉行と称した）は通常十五名前後いた。また、側近衆というのは将軍との個人的な信頼関係に基づいて抜擢された人びとのことであり、義晴時代では「内談衆《ないだんしゅう》」と称され、八名前後の将軍直臣たちによって構成されていた。なお、彼ら内談衆は数日ごとに持ち回りで当番を決めており、これを「日行事《にちぎょうじ》」と称した。

さて、寺社本所などから訴訟が提起されると、訴状はまず幕府奉行人が受理し、次いでこれを内談衆の当番である日行事のもとに送付した。次いで日行事は訴状の内容などを吟味したうえで、理非が明白で糺明《きゅうめい》するまでもないと判断した訴状については将軍の裁可《さいか》を仰いでただちに判決文である「幕府奉行人奉書」（＝「奉行人が将軍の仰せを奉じて発給した」という形式をもつ幕府の基本的な公文書）が発給されるよう取りはからい、糺明の必要ありと判断した訴状は内談衆たちの評議にかけた。

この評議の仕方には三つのパターンがあり、それは、①内談衆と奉行人たちとの月三回の合同定例会議（「披露事《ひろうごと》」「伺事《うかがいごと》」という）で評議される方式、②内談衆のメンバー全員が集まって実施される不定期の会議（「内談」という）で評議される方式、③日行事が内談衆の面々に「折紙《おりがみ》」と呼ばれる文書を回覧させ、それによって内談衆たちの意見を徴するという方式（いわゆる稟議《りんぎ》方式）の三つであった。おそらく、訴訟案件の重要度などに応じて、①、②、③の順に評議の仕方が使い分けられていたのであろう。

さて、内談衆の評議で一定の結論が得られると、日行事がこれを「手日記《てにっき》」と呼ばれる文書によって将軍に上申しその裁可を仰いだ。次いで将軍から裁可が下されると、これは日行事に伝えられ、日行事はこの上意を受けて「将軍は○○を勝訴にせよと仰せになったので、その通りに幕府奉行人奉書を発給せよ」といった文言の記された「賦《くばり》」と呼ばれる文書を奉行人に下した。そしてこの「賦」を受けとった奉行人は、そこに記された指示通りに幕府奉行人奉書を作成し、しかる後にこれを関係者らに発給したのである。

以上が御前沙汰での基本的な手続であるが、実際はもう少しバリエーションに富んでおり、たとえば、内談衆はいちいち将軍に裁可を仰がなくとも、自分たちの判断だけで

「賦」を奉行人に下し、幕府奉行人奉書を発給させることも可能であった。また、訴訟内容が複雑で、将軍や内談衆では判断しにくいような案件を処理する場合などでは、将軍や内談衆から奉行人たちに諮問が下され、奉行人たちの見解が「意見状」という文書によって将軍に上申されることになっていた。そして、将軍や内談衆はこの意見状が提出されれば基本的にこれに従って判決を下す、ということになっていたのであり（意見状に反する判決が下されることもあった）、幕府の判決に法曹専門家集団である奉行衆の見解が反映されるような仕組にもなっていた。

政所沙汰の手続

次に、戦国時代における政所沙汰の手続も概観しておこう。

政所沙汰では、御前沙汰と似たような訴訟処理手続がとられていたが、かわりにこの政所沙汰には将軍および内談衆のような将軍側近は基本的には関与せず、かわりに「政所頭人《とうにん》」（将軍家譜代の重臣である伊勢《いせ》氏が代々世襲した）と「政所代《まんどころだい》」（伊勢氏の重臣蜷《にな》川《がわ》氏が代々世襲した）が関与し、政所沙汰を主導していた。

すなわち、政所沙汰によって訴訟の処理を希望する寺社本所らは、まずは政所代の蜷川氏に訴状を提出した。次いで訴状を受理した政所代は、政所頭人である伊勢氏に伺いを立て、理非が明白で糺明するまでもないと頭人によって判断された場合は、ただちに判決文である「幕府奉行人奉書」が発給されるよう取りはからい、一方、糺明が必要な案件と判断された場合は「政所寄人《よりうど》」（幕府奉行人から十五名前後が選任された）の中からこの案件の担当寄人を選んで訴状を送った。次いで訴状を受けた担当寄人は、訴状を吟味したうえで重要であったり問題をふくんだりした案件であればこれを寄人たちによる月一回の定例会議（「内談」という）にかけ（会議の結論は政所代を通じて頭人に上申された）、そうでない場合は糺明を加えたのちに政所代を通じて頭人の裁可を仰いだ。

そして、頭人によって裁決が下されるとこれは政所代のもとに伝えられ、政所代は「頭人は○○を勝訴にせよと仰せになったので、その通りに幕府奉行人奉書を発給せよ」という内容の「賦《くばり》」と称される文書を担当寄人に下した。これを受けた担当寄人は「賦」に記された指示通りに幕府奉行人奉書を作成し、しかる後にこれを関係者に発給したのである（したがって、政所沙汰によって発給された幕府奉行人奉書は、形式的には将軍の仰せを奉じて発給されたということになっているが、実際は頭人伊勢氏の意を奉じて発給されていたことになる）。以上が政所沙汰のおおよその手続であるが、これもあくまで基本形であり、実際はいくつかのバリエーションがあったことは注意しなくてはならない。

傀儡ではなかった将軍

このように、幕府に持ちこまれた訴訟は「御前沙汰」と「政所沙汰」という二つの方式によって、将軍やその側近衆、政所頭人伊勢氏、奉行衆らの手で基本的に処理されたうえ、幕府奉行人奉書によって判決が下され、権利の安堵や紛争調停がなされていた。また、御前沙汰・政所沙汰では「慎重な理非糺明と迅速な判決の両立」という現在の裁判制度でも問題になっている課題の克服や、法の専門家である奉行衆たちの見解ができるだけ判決に反映されるような工夫もなされており、戦国時代としてはきわめて高度な訴訟処理方式がとられていたといってよかろう（このあたりに関心のある方は、山田康弘『戦国期室町幕府と将軍』を参照。吉川弘文館、二〇〇〇年）。

ところで、この戦国時代の幕府については、細川京兆《けいちょう》家によって「専制」され、将軍はこの京兆家の「傀儡《かいらい》」になってしまっていた、といわれることがある（細川京兆家とは三管領家の一つで知られる細川本宗家のこと。代々当主が右京大夫の官途《かんと》を称したことから学問上では細川京兆家と呼ばれている）。たとえば、田中義成氏も『足利時代史』において「幕府の命令はこれよりして漸く行はれざるに至り、将軍は徒に虚器を擁するのみとなり、その実権は細川氏に帰し、日を追うて衰弱に赴けり」と論じていた（→2頁）。

しかし、この見方は事実に反する。後述するように、細川京兆家当主は戦国期将軍を支える重要な大名の一つであり、畿内を本拠とすることから戦国時代にいたっても在京することが多かった。それゆえ、京兆家は将軍に影響力をおよぼしうる立場にあり、御前沙汰や政所沙汰に介入することもあったが、この介入はあくまでも個別案件のレヴェルにとどまっており、右に概観してきたように京兆家当主やその家臣たちが御前沙汰や政所沙汰に恒常的に関与・総覧・指揮し、将軍を傀儡化して幕府を牛耳る、などといったことはまったくなかった。

したがって、戦国期の歴代将軍が京兆家の傀儡となり、幕府もまた京兆家の「専制」下にあったという見方は修正を要するといえよう。そもそも、成人して自分の意思を発現できるようになった将軍を完全に傀儡化する、ということは現実にはきわめて困難なことであり、また、将軍にはさまざまな利用価値があり、むしろ将軍と良好な関係を保っていたほうが京兆家にとっては利益になった。こうしたことが、京兆家が将軍を傀儡化しなかった（できなかった）理由の一つであったと考えられる（京兆家をふくめた大名たちにとって将軍にはどのような利用価値があったのか、という点は次章で検討していく）。

〈幕府〉は解体したのか？

次に、戦国時代の〈幕府〉（＝広義の幕府）について述べていこう。戦国時代になって、これまで在京して将軍を支えていた大名たちの多くは京都を離れて在国・自立するようになった。では、相互に補完しあう将軍と大名たちとの総体としての〈幕府〉は、これによってまったく解体してしまったのであろうか。

結論からいえば、必ずしもそうとはいえない。なぜならば、戦国時代にいたっても西日本を中心とした多くの大名たちは、在国するようになっても依然として将軍との関係を断ち切ることはなく、さまざまな分野で将軍を頼り、利用し、そして将軍を利用した分だけ将軍から制約を受け、将軍を支えていたからである。つまり、戦国時代においても多くの大名たちと将軍とはなお相互に補完しあう関係にあったのであり、さすれば、相互に補完しあう将軍と大名たちとの総体としての〈幕府〉はなお存続していた、といってよかろう（この点も次章で詳論する）。

もっとも、これまでも述べてきたように、将軍は軍事、洛中警察、上意の実効性といったその存立の重要部分を大名たちに支えられるという仕組になっていたから、戦国時代になって大名たちの多くが京都を離れ、それぞれの地元に在国化してしまったことは、将軍の存立に大きな危機をもたらしたことはいうまでもない。そこで、将軍は戦国時代になると、なお在京しつづけていた一部の大名たち――とりわけ畿内を基盤とする細川京兆家により大きく頼るようになり、その存立の重要部分を支えられる度合を相対的に高めていった。

たとえば、戦国時代以前までは重大事変が発生した場合、将軍直属軍と在京する二十数家の大名たち＝「二十一屋形」が合同でこれに対処していたが、戦国時代になるとそのような重大事変が発生した際は、在京する京兆家の軍勢が出陣し、将軍直属軍（戦国時代にいたっても千～二千程度の規模をなお保っていた）と京兆家の軍勢とが合同して事変に対処する、ということが多くなっていった。また、洛中警察は幕府の侍所が担うことになっており、戦国時代以前までは、大規模な土一揆の蜂起など侍所だけでは手に負えない事件が発生した場合は、在京する「二十一屋形」が侍所に合力してこれに対処していた。しかし戦国時代になると、そうした大規模な事件が起きた場合は侍所（大名の在国化にともない、大名やその家臣が就任していた侍所頭人や所司代のポストは廃絶したが、幕府奉行人の一人が「侍所開闔《かいこう》」という地位につき、侍所を引きつづき管掌していた）に京兆家が合力して対処する、というケースが増えていったのである。

さらに、先述のごとく戦国時代にいたっても、幕府のもとには京都やその周辺で発生した多くの訴訟が寺社本所などから持ちこまれ、「御前沙汰」や「政所沙汰」によって処理されたうえ最終的に幕府奉行人奉書の形で上意が寺社本所らに下されていた。しかし、京都やその周辺（山城・摂津・丹波の各国）は京兆家の領国でもあったことから、訴訟相手が京兆家関係者であったりした場合などでは、京兆家の同意も得ておくことが上意の実効性を十全に発揮させるうえで有利であった。そこで寺社本所らは、たとえば荘園の領有権を安堵するとの上意を幕府奉行人奉書によって受けると、これを京兆家に見せて同意してもらい、「御下知（＝幕府奉行人奉書）の旨に任《まか》せて…」といった、上意を追認するとの旨の記された文書をさらにもらい受けることがあった。すなわち、上意の実効性もまた京兆家によって補完されることがあったわけである。

「危険性の分散」をはかる将軍

このように、将軍は戦国時代以前までは「二十一屋形」と称される二十数家の複数の在京大名たちによって軍事、洛中警察、上意の実効性といったその存立の重要部分を支えられていたのに対し、戦国時代になって多くの大名たちが在国するようになってくると、在京することの多かった細川京兆家にその存立を支えられる度合を相対的に高めていった。だが、こうした状況は将軍にとって決して好ましいことではない。なぜならば、将軍が京兆家に過度に支えられてしまうと、もし京兆家が没落した場合、将軍もまたこれに連動して没落せざるをえなくなるからである。

そこで、戦国時代の歴代将軍たちは、京兆家に過度に支えられることからくるこのような危険性の分散をはかるべく、かつてのような「将軍が幅広い複数の在京大名たちに支えられる」という体制の再構築を目指した。将軍が必ずいずれかの大名たちとペアーにならなければ完結した政治権力体として存立しえない、という仕組をもち、しかもこうした仕組をもはや根本から改変することができない以上（戦国時代の将軍にとって、大名たちとペアーにならなくても済むような、広大な直轄領や強大な直属軍をいまさら入手することはほとんど不可能であった）、戦国期歴代将軍たちは次善の策として、特定の大名に支えられるのではなく、複数の在京大名に将軍が支えられるという体制を再構築していくことで危険性の分散をはかろうとしたわけである。

戦国時代の将軍が京兆家以外の多くの大名たちに声をかけ、上洛して将軍を支えるようしばしば命じていたのはこのためであり、十一代将軍義澄《よしずみ》は若狭武田氏（元信《もとのぶ》）を、十代将軍義稙《よしたね》（将軍再任後）は周防大内氏（義興《よしおき》）を、十二代将軍義晴《よしはる》は近江六角《ろっかく》氏（定頼《さだより》）を京都に呼んで京兆家とともに頼り、京兆家がたとえ動揺したとしても将軍がただちに没落しないような仕掛けをととのえていった。このような、歴代将軍たちによって推進された「危険性の分散」政策は、将軍家が応仁の乱以降、なお百年間にもわたって命脈を保ちつづけえた重要な要因の一つであったといっても過言ではない。しかし、この「危険性の分散」という将軍家の伝統政策は、その後将軍義昭と織田信長とのあいだに亀裂を生じさせ、ついに二人の関係を破綻させる一因になっていく。それはどういうことなのか。この点については本書の後半部分で論じよう。

これまでの議論をまとめておこう。ここでは、幕府（＝狭義の幕府）と〈幕府〉（＝広義の幕府）とを分けたうえで、次のようなことを論じてきた。

将軍存立の基本的な仕組

（一）　戦国時代以前より将軍（幕府＝狭義の幕府）は、軍事・洛中警察・上意の実効性といったその存立の重要部分を「二十一屋形」と俗称される二十数家の大名たちに支えられなくてはならない、という仕組になっており、一方、大名たちのほうも「上の承認に基づく公権」に依拠している以上、上意に従い、将軍に協力を提供せざるをえない、という状況にあった。つまり、将軍と大名たちとは相互に補完しあっていたのであり、こうした、相互に補完しあう将軍と大名たちとの総体こそが〈幕府〉（＝広義の幕府）であった。

（二）戦国時代になると、大名たちは「下からの公権」に依拠するようになり、それにともなって次第に将軍から自立するようになっていったが、これ以後も、西日本を中心とする多くの大名たちは将軍との関係を断ち切ることなく、将軍を利用し、将軍を支えつづけていた。もっとも、戦国時代になると将軍は、畿内を基盤とする細川京兆家にその存立の重要部分を支えられる度合を相対的に高めており、そこで戦国時代の歴代将軍は、京兆家以外の大名にも上洛を求め、かつてのような多くの在京大名たちに将軍が支えられる体制をととのえることによって、京兆家に過度に支えられることからくる危険性の分散をはかろうとしていった。

（三）戦国時代にいたっても、幕府（＝狭義の幕府）は形骸化してしまったわけではなく、将軍やこれに直属する武士たちによって運営され（将軍は傀儡であったわけではない）、京都やその周辺地域の裁判機関の一つとして一定の役割を果たしつづけていた。

さて、戦国時代になっても多くの大名たちが将軍との関係を断ち切らなかったのは、大名たちが「将軍との関係はなお必要である」と考えていたからにほかならない。では、大名たちはどのような点で将軍が必要だと考えていたのであろうか。次にこの問題を、できるだけ具体的な事実関係の中から具体的に明らかにしていくことにしよう。

戦国時代の将軍と大名

大名間における栄典の機能

維持されていた将軍―大名関係

応仁の乱以降、すなわち戦国時代にいたると、大名たちは将軍からの自立傾向をますます顕著化させていった。すなわち、これまで将軍から義務づけられていた在京をやめ、それぞれの国元に在国するようになったのであり、そして大名たちは「前代のあらゆる公権力の権力の効力を断ちきって、自己を最高とする大名の一元的支配権を確立」していったとされている（勝俣鎮夫『戦国法成立史論』二六〇頁、東京大学出版会、一九七九年）。

しかし、戦国時代の大名たちが「前代の公権力」の代表たる将軍との関係を完全に断ち切ってしまった、というわけでは決してなかった。

たとえば、戦国時代に入っても大名たちは、正月や歳末、八朔《はっさく》（＝八月一日）などの季節ごとにしばしば将軍に礼物を贈献することによって将軍との交流をなお保ちつづけていたし、多くの大名たちは依然として将軍に偏諱《へんき》（名前の一字を名乗る権利）を求め、これを実際に将軍から賜与されていた（たとえば、甲斐の武田晴信（信玄）は十二代将軍義晴から「晴」の偏諱を、越後の上杉輝虎（謙信）は十三代将軍義輝から「輝」の偏諱を賜与されている）。戦国時代では、主君が家臣に偏諱を賜与することが一般化していたから、大名たちが将軍に偏諱賜与を求めていたことは、彼らがなお将軍を「主君」とみなしていたことを示しているといってよく、実際、戦国時代においても将軍のことを「天下諸侍御主」と称する場合もみられた（『歴代古案』二二四号、続群書類従完成会）。

さらに、多くの大名たちは戦国時代にいたっても、しばしば将軍・幕府を模倣しようともしており、それは、大名の花押の形状から発給文書の書式、屋形の様式、屋形内での故実にいたるまで多岐におよんでいたことが知られている。なお、J・S・ナイは、軍事力や経済力といったハード・パワーに対し、他国に模倣され、他国を引きつけて味方にしてしまうような「魅力の力」のことを「ソフト・パワー」と呼んでいる。さすれば、戦国時代の将軍は、大名たちに対してこうしたソフト・パワーをなお保持していた、といっても

図3　十二代将軍・足利義晴（京都市立芸術大学芸術資料館所蔵）

いいかもしれない（『ソフト・パワー』日本経済新聞出版社、二〇〇四年）。

大名にとっての将軍の上意

そのうえ大名たちは、しばしば将軍の上意を受けて献金にも応じていた。たとえば、戦国時代の中ごろにあたる十二代将軍義晴の治世期（大永元年〈一五二一〉～天文十五年〈一五四六〉）だけをみても、大永四年からはじまった将軍御所造営の際には、将軍の献金命令を受けて越前朝倉氏や若狭武田氏が実際に銭貨を将軍のもとに納めたことが確認され、さらに天文七年の将軍家仏事の際には大坂本願寺、天文八年の将軍御所造営に際しては越前朝倉氏や河内畠山氏、天文九年の禁裏《きんり》修理に際しては越前朝倉氏・大坂本願寺・河内畠山氏・駿河今川氏、同じ天文九年に実施された将軍家仏事に際しては越前朝倉氏・伊勢北畠氏・能登畠山氏・周防大内氏・河内畠山氏・豊後大友氏が上意を受け、将軍のもとに献金していたことが史料から確認される。これらは大名から将軍に献金された事実が史料上で確認されるものだけであるから、実際は細川京兆家や近江六角氏などさらに多くの大名たちが献金に応じていたとみられよう。

しかも、大名たちが将軍の命令を受けてこうした献金にやむなく追い込まれる、といったケースもみられた。たとえば天文六年、大坂本願寺（証如《しょうにょ》）は、将軍義晴から献金せよとの上意を受けたが、たまたま深刻な財政難にあったことからその免除を将軍に求めた。すると、本願寺のもとに次のような情報が伝えられた。すなわち、将軍が本願寺の献金拒否に激怒し、「彼の御要脚《ようきゃく》のこと、進上せざれば御敵たるべし」（献金に応じないのであれば、本願寺を将軍の「御敵」にする）との意向を示したというのであり、これを聞いた本願寺は、将軍の「御敵」にされるのは「迷惑」（＝困る）だとしてあわてて献金に応じる旨を将軍に伝えている（『天文日記』天文七年正月八日条など）。戦国時代の大坂本願寺といえば「一向一揆」の領袖《りょうしゅう》であり、織田信長ですらその服属に手を焼いた一大権門であったが、そのような本願寺ですら、将軍との関係が悪化することを避けようとしていたわけである。

また天文九年三月、中国地方の有力大名である大内氏（義隆《よしたか》）は、自らの領国である豊前国内にあり、大内氏自身が「進退」していた羅漢《らかん》寺という寺の住持の件で将軍に次のような要請をしている。

すなわち、将軍から上意を不正にかすめ取って羅漢寺住持を称している僧がいるが、この僧は大内氏が認めていない者である。しかし、すでに将軍からこの僧を羅漢寺住持に任命するとの上意が下されているので、どうかこの上意を成し返されたうえ、大内氏が認める僧に住持任命の上意をあらためて下してほしい、というのである（『常興日記』天文九年三月九日条など）。つまり大内氏は、自分が進退する寺の住持の件であっても、一度出された上意を拒否するのでも無視するのでもなく、わざわざ将軍に願って上意を改めてもらうという挙動をみせていたわけであり、ここからは、大内氏にとって上意は容易には否定しがたいものであった、ということがうかがわれよう。

さらに、この大内氏を滅ぼして中国地方の一大勢力にのし上がり、次なる目標として出雲尼子《あまご》氏を激しく攻め立てていた毛利氏（元就《もとなり》・隆元《たかもと》）は、永禄二年末、将軍義輝から尼子氏との和平を命じられた。

これに対して毛利氏は、このころ尼子氏を追いつめていたこともあって和平につよい難色を示したが、和平実現の実務を担うべく京都から聖護院道増《しょうごいんどうぞう》（将軍義輝の母方の叔父）が上意を奉じて毛利氏の本拠安芸吉田に下ってきてしまうと、この道増をただちに追い払うこともできず、毛利元就は息子の吉川元春《きつかわもとはる》に対し、道増がやって来てしまった以上は毛利氏当主の隆元を迎えに行かせねばならないだろうか、とか、道増に贈物なども献じなければならぬ、と述べ、また、道増は将軍の叔父なので御機嫌を悪くしてはならない、悩ましいことだ、とも述べて歎息におよんでいた。ここからは、毛利氏にとってもまた上意は、たとえ好ましからざるものであったとしても容易には一蹴できないものであった、ということが知られよう（「吉川家旧蔵文書」、『広島県史』古代中世資料編Ⅴ、六頁）。

上意の拒否の仕方

もちろんだからといって、戦国時代の大名たちが将軍の上意を常にすべて受け容れていた、というわけではない。たとえば毛利氏などは、将軍の上意が自分たちの家や領国支配を揺るがすようなものであったならば、上意といえどもこれを拒否すべし、としていた（『毛利家文書』七二九号）。しかし、大名たちは上意をすべて拒否していたというわけでもまたなかったのであり、したがって、戦国時代の大名たちが「前代のあらゆる公権力」の「権力の効力を断ちき」っていた（↓42頁）、という言い方は正確でないといえよう。

そのうえ、大名たちは、たとえ上意を拒否する場合であっても「上意などは拒否してもかまわないのだ」といった姿勢をあからさまにみせるのではなく、「仕方なく上意を拒否せざるをえなかった」ということを将軍側にわざわざアピールすることが多かった。

たとえば、右述のごとく永禄二年に将軍義輝から尼子氏との和平を命じられた毛利氏は、結局永禄五年前後にこの上意を拒否することに決し、尼子氏の本拠出雲国に侵攻した。しかし、この時毛利氏は将軍側に次のような弁明、すなわち、毛利氏は上意に従って尼子氏との和平を進めようとしていたのだが、尼子氏が再び乱を起こしたのでやむなく再戦せざるをえなかったのだ、という弁明を申し述べようとしていた（「斎藤家文書」、『山口県史』史料編〈中世三〉、七八五頁）。

また永禄元年ごろ、甲斐の武田信玄も、将軍義輝から命じられた越後の長尾景虎（上杉謙信）との和平を破る際、自分としては将軍の上意を奉じて和平に向かっていたのだが、長尾方が上意を無視し、武田領を放火したことから仕方なく再戦を決断せざるをえなかったのだ、と将軍に弁明していた（『戦国遺文』武田氏編、六〇九号）。さらに、永禄九年には美濃斎藤氏（龍興《たつおき》）も、足利義昭に命じられた信長との和平を破る際、斎藤氏としては義昭の上意を奉じて信長との休戦に向かっていたのだが、信長が変心して和平が成就しなかった、これは信長側の責任であり言語道断なことである、と義昭方に弁明している（「中島文書」、『岐阜県史』史料編〈古代中世四〉、九五三頁）。

なぜ上意を一蹴しにくかった？

以上のように、多くの大名たち——戦国期日本でとりわけ豊かで人口も多かった西日本（北陸・畿内およびそれより西）を中心とした多くの大名たちは、戦国時代にいたっても将軍との交流をなお維持しつづけたうえ、一定の範囲内で上意を受け容れ、たとえ好ましからざる上意であっても容易にはこれを拒否できず、拒否するにしても上意を決して軽視していないことを将軍側にわざわざ説明する、といったケースもみられた。

これらのことからは、戦国時代にいたっても大名たちが将軍とのあいだに良好な関係を保とうとしていたこと、すなわち、将軍の上意は大名たちにとって、自らの行動を完全に規律するようなものではなかったものの依然として考慮すべき重要な要素の一つであり、大名たちは将軍との関係が悪化することはできるだけ避ける必要があるとなお認識していた、ということを物語るといえよう。しかし、一体なぜ大名たちはこのような挙動をみせていたのであろうか。

これまで述べてきたように、戦国時代になると多くの大名たちは「上の承認に基づく公権」から「下からの公権」に依拠しつつ領域支配を進めるようになっており、それゆえ大名たちは、たとえ将軍と対立し、将軍との関係が途絶したとしても、もはやそれだけでただちに大名としての立場が決定的に動揺することはなくなっていた（↓22頁）。また、大名が上意を無視したからといって、戦国時代の将軍が上意を無視した大名たちに直接的に軍事制裁を加える、などといったこともまず考えられないことであろう。では、なぜ大名たちはこうした状況であったにもかかわらず、上意を一定度尊重し、これを一蹴することに躊躇していたのであろうか。

この理由としては、先にもあげた将軍のもつ「ソフト・パワー」や「権威」（＝他者を自発的に従わせる力）といったものをあげることができるかもしれない。また、先述のごとく大名たちは、戦国時代にいたっても将軍のことを（形式的にせよ）主君と仰いでいたから、そのような将軍の上意を無下に拒否すべきではない、という「倫理観」のようなものが大名たちのあいだで働いていた可能性もあろう。というのは、戦国時代になると軍記物語や御伽草子《おとぎぞうし》・謡曲《ようきょく》などに「親子は一世（現世）の縁、夫婦は二世（現世・来世）の契り、主従は三世（前世・現世・来世）の契り」といった表現がみられてくるように、のちの近世的忠誠観を生み出すような、主君との関係を尊重するイデオロギーが生まれはじめていたからである（黒田日出男「政治秩序と血」、『歴史としての御伽草子』所収、ぺりかん社、一九九六年）。

さらに、大名たちは家臣に対し、主君である大名の下知に従うように求めていたから（たとえば『毛利家文書』四〇一号）、その大名自身が主君である将軍の上意を簡単に無視すれば、そこに論理的矛盾が生じることになって家臣に示しがつかなくなる。したがってそのような事態を防ぐ配慮が、大名たちに上意を一蹴することを躊躇させる一因になっていた可能性もあるだろう。

また、上意を遵守し、将軍との良好な関係を保っておけば利益を得られる、という期待が、大名たちに上意を一定度尊重させることになった一因ではないかという見方も成り立ちうる。なぜならば、戦国時代にいたっても多くの大名たちが将軍にさまざまな要望を出していたからであり、このことは、大名たちにとって将軍はなお利用価値あるものと認識されていた、ということを示しているといえよう。

では、大名たちにとって、将軍との良好な関係を維持していくことにはどのような利益があったのか。あるいは、大名たちはどのような点で将軍との良好な関係には利用価値があると考えていたのであろうか。これらは、大名たちがいかなることを将軍に要望していたかを抽出し、分析することによって解き明かされよう。まずはそうしたものの一つ、「栄典《えいてん》」をとりあげてみよう。

栄典とは何か

栄典とは、将軍や天皇が大名などに授与した一種の「爵位」であり、御《お》供衆《ともしゅう》や御《お》相伴衆《しょうばんしゅう》・守護などの称号、将軍偏諱、官途などさまざまな種類があり、そしてさまざまな「ランク」があった。戦国時代にいたっても、大名たちのほとんどすべてがこうした栄典、しかもなるたけ高いランクの栄典を欲し、これを授与するよう将軍に対してしきりに求めていたのであり、さすればこのことが、戦国時代においても多くの大名たちに（栄典授与権をもつ）将軍との良好な関係にはなお利用価値がある、と判断させていた要素の一つであったと考えてよかろう。

しかし、そもそもなぜ大名たちは栄典などを求めていたのであろうか。栄典を得たからといって、それで何か具体的な権限を得られたとは考えにくく、また栄典をもらい受けるには、将軍や関係者に少なからぬ礼銭を支払わなければならず、時間も手間もかかった。にもかかわらず、大名たちが戦国時代にいたっても栄典授与を求めつづけていた理由とはいったい何であったのであろうか。

『浅井三代記』（『改定史籍集覧』六）という軍記物に次のようなエピソードが載っている。すなわち、戦国時代初期に北近江に台頭した浅井亮政《すけまさ》（長政の祖父）は、当初「浅井新三郎」と称していた。しかし、何の称号も称さないとあまりにも軽々しいと家臣たちから助言され、そこで亮政は「備前守」を称するようになったという。これをみれば、ある程度の規模の領主になったならば何かの称号を称すべきだ、との認識が戦国社会にはあり、そのことが、大名たちに栄典を有用だと判断させ、彼らを栄典獲得に奔らせることになった一因だと考えることができるかもしれない。

また、天文十五年ごろに父元就から家督を譲られた毛利隆元は、自分がおよばない元就の偉業として、元就が四〜五ヵ国もの領土を得たこととともに、元就が勅裁・上意を受けて「家の位」を上昇させ、将軍から「御相伴衆」（=最有力大名クラスに授与される幕府の称号）を授与されたことをあげている（『毛利家文書』六四六号）。どうやら大名たちにとって栄典は、理屈ぬきで「有難い」ものであったようであり、さすればこのことも、大名たちを栄典獲得に奔らせた一因として想定できるかもしれない。

しかしここで注目したいのは、「ライバルの大名に栄典のランクで負けたくない」という思いが、大名たちを栄典、しかもなるたけ高いランクの栄典を入手することは有用だとの判断にいたらしめていたのではないか、という可能性である。以下、この点を少し詳しくみていこう。

大名たちは将軍に栄典授与を申請する際、近隣のライバルたちのもっている栄典のランクをしばしばつよく意識していた。

ライバル大名と栄典のランク

たとえば天文十年八月、北関東の岩城《いわき》氏（重隆《しげたか》）は、左京大夫の官途を授与してくれるよう将軍に要請した。その際、岩城氏は左京大夫を選んだ理由について「奥州の伊達などさえ左京大夫に任じたる事に候あいだ、申し上ぐ」（奥州の伊達氏などさえ左京大夫をもらっているのだから、自分も左京大夫を申請したのだ）と将軍に述べている（『常興日記』天文十年八月十二日条）。ここからは、岩城氏が左京大夫の授与を将軍に求める際、近隣の大名である伊達氏のもつ栄典のランクをつよく意識していたことが知られよう。

また天文八年、豊後大友氏（義鑑《よしあき》）は、同じ九州の肥前有馬氏と日向伊東氏が自分と同ランクの栄典授与を将軍に申請したと知って大いに怒った。そして大友氏は将軍に対し、有馬氏や伊東氏などは大友氏ら九州の名門大名からみれば「被官並《ひかんなみ》」つまり家臣クラスの家柄でしかなく、そのような者たちに大友氏と同じランクの栄典を授けないでほしい、と要請している（『大友家文書録』九八二号）。

おそらく、九州最高の名門を自負する大友氏にとって、これまで自分が見下していた同じ九州の有馬氏や伊東氏が自分と同ランクの栄典を獲得することは許せなかったのであろう。逆にいえば、有馬氏や伊東氏は、このように大友氏が自分たちのことを「被官並」と蔑視してやまないがゆえに、こうした大友氏に対抗すべく、あえて同氏と同じランクの栄典を将軍に申請したのだと考えられる。なお、大友氏の要請は結局将軍によって却下され、有馬氏や伊東氏に高いランクの栄典が授与されてしまった。しかし大友氏は、その後これまで以上に将軍に接近し、ついに将軍から九州最高の称号である「九州探題」を授与されることに成功している。

さらに永禄五〜六年ごろ、伊予国喜多《きた》郡を支配する宇都宮氏（豊綱《とよつな》）は、同氏当主が代々称していた遠江守の官途を授与するよう将軍に働きかけた。すると、この宇都宮氏とライバル関係にあった伊予の有力大名河野氏（通宣《みちのぶ》）は、これを知ってただちに宇都宮氏への官途授与を阻害しようと動き出し、梅仙軒霊超《ばいせんけんりようちよう》という僧をつうじて将軍周辺でしきりに妨害工作におよんだ（『愛媛県史』資料編〈古代・中世〉、一九五七〜五八号など）。結局、河野氏のこの妨害工作は奏功しなかったようであるが、この河野氏の挙動からも先の大友氏と同様に、競合する近隣大名の栄典獲得を妨害する、という志向性が看取されるといえよう。

また天文九年ごろ、筑前の秋月氏《あきづき》（文種《ふみたね》）は、将軍から「御供衆」（＝有力大名や上級将軍直臣に授与されていた幕府の称号）を授与されんことを欲したが、なかなか将軍から授与されなかった。それは、このころ秋月氏が属していた中国地方の有力大名大内氏（義隆）が、秋月氏への御供衆授与を将軍に推挙してくれなかったからであった（大内氏は、秋月氏のような麾下の有力者らに対し、将軍から栄典をもらう際には大内氏の推挙を得るよう命じていた）。

それでも御供衆の称号がほしい秋月氏は、大内氏の推挙のないまま内々に将軍に御供衆授与を申請し、また、このことで大内氏の怒りを招かぬように「（秋月氏のほうから申請したのではなく）将軍が秋月氏の忠義に喜び、自発的に御供衆の称号を秋月氏に授与した」という形で御供衆の称号を授与してもらえないだろうか、などと将軍に求めた（『常興日記』天文九年二月二十二日条）。しかし、大内氏の推挙がなかったことがやはり障害になったのか、秋月氏の御供衆称号獲得工作は成功しなかった。

ところが、翌天文十年になって秋月氏は驚くべき知らせを耳にする。自分と同じ筑前を本拠とする麻生氏《あそう》（やはり大内氏に属していた）が大内氏の推挙を受け、将軍から御供衆の称号を授与されてしまった、というのである。これを知ってあわてた秋月氏は大内氏に対し、自分も将軍に御供衆へ推挙してほしい、と再度歎願したが、大内氏からの返答は「麻生氏は代々将軍直臣の家柄であるので御供衆に推挙したのだが、秋月氏はそのような家柄でないので御供衆に推挙はできない。ただし、御供衆より一ランク下の五ヶ番衆ならば将軍に推挙しよう」というものであった。

しかし、同じ筑前を本拠とする麻生氏が御供衆なのに秋月氏が格下の五ヶ番衆の称号では納得できなかったのか、秋月氏は大内氏のもとに使者を送って御供衆への推挙を懸命に懇請した。だが、結局大内氏の推挙を得られなかったという（『常興日記』天文十年八月十七日条、『中世史料集筑前麻生文書』二九・三〇号）。

ライバルに後れをとりたくない

さて、以上のいくつかの事例からは、栄典をめぐる大名たちの次のような二つの行動パターンを読み取ることができよう。

まず一つは、ライバル関係にある近隣大名のもっている栄典の「ランク」を意識し、これと同等かより高いランクの栄典を欲する、ということである。伊達氏と同じ左京大夫の官途を将軍に求めた岩城氏、自分を見下す大友氏と同じランクの栄典授与を欲した有馬氏や伊東氏、この有馬氏や伊東氏より高いランクの九州探題の称号を求めた大友氏、麻生氏の御供衆称号獲得に驚き、自分も同じ御供衆の称号を得ることを熱望した秋月氏の挙動などは、これにあたるといえよう。もう一つは、ライバル関係にある大名やこれまで見下していた大名が、自分と同等かそれより高いランクの栄典を得ようとすると、これを妨害するというものである。有馬氏や伊東氏の栄典獲得を妨害しようとした大友氏、宇都宮氏の遠江守官途取得を妨害しようとした河野氏の挙動などがこれにあたるであろう。

どうやら、戦国時代の大名たちのあいだでは、栄典のランクというものは大名たちの社会的な「格」を示すモノサシであると認識されていたようであり、それゆえに大名たちは将軍周辺に働きかけて、ライバルより少しでも高いランクの栄典を将軍から授与されんことを欲し、また、ライバルが自分より高いランクの栄典を入手しそうだと知ると、やはり将軍周辺に働きかけてこれを阻害しようとした。ようするに、大名たちは「ライバルに後れをとりたくない」という思いがつよく、そのことが、大名たちをより高いランクの栄典獲得（またはライバルの栄典獲得阻害）に奔らせていったといえよう。

栄典をめぐる将軍の戦略

ところで、このように大名たちがライバルより高いランクの栄典を入手するためには、栄典授与権を握る将軍との良好な関係を維持し、将軍から常に好意を得ておかなくてはならない。したがって、大名たちがライバルとのあいだで高いランクの栄典をめぐる獲得競争を激化させればさせるほど、大名に対する将軍の求心力も高まってくる、ということになるわけだが、こうした大名間における栄典獲得競争は、戦国時代に入ってますます激しくなっていった。それは、将軍の栄典授与基準が変化してきたことに起因している。

そもそも、戦国時代以前までは、将軍の栄典授与基準はそれなりに厳格であり、高いランクの栄典は高い家柄を誇る名門大名にしか授与されなかった。しかし、戦国時代になると将軍は栄典授与基準をゆるめ、家柄ではなく将軍に対する「奉公」の度合（具体的には将軍に対する献金額の多寡）によって大名たちに高いランクの栄典を授与するようになっていった。そのため、原則として誰もが将軍に奉公を提供しさえすれば高いランクの栄典を入手することができるようになり（右に概観してきたごとく、九州の小大名にすぎない有馬氏や伊東氏が名門大友氏と同じランクの栄典を欲したり、秋月氏や麻生氏程度の家柄の者が本来有力大名や上級将軍直臣にしか授与されない御供衆の称号を望む、などということは、戦国時代以前ではほとんど考えられないことであったろう）、この結果、大名たちのあいだで高いランクの栄典を求めて競争が発生・激化するようになったのである。

こうした栄典授与基準の変化は、戦国時代における将軍の守銭奴ぶりを示すものとされ、将軍の「堕落」や「無節操さ」のあらわれだとして今日しばしば非難の対象にされている。しかし、そのような見方はやや一面的にすぎるといえよう。

戦国時代に入って将軍は、栄典授与基準をゆるめ、将軍に奉公を提供しさえすれば誰もが高いランクの栄典を入手できるようにすることによって、ライバルより少しでも高いランクの栄典を欲していた大名たちのあいだに栄典獲得競争をあえて発生・激化させていった。そして、それによって多くの大名たちを将軍のもとに引き寄せ、将軍に対する奉公の提供へとうながしていったのであり、さすれば将軍の栄典授与基準の変化は、単なる「金もうけ」といったことだけで済ますべきではなく、大名たちに対する将軍の求心力維持・拡大を企図した「クレバーな戦略」としての側面もあった、というべきであろう。そして、ライバルより少しでも高いランクの栄典をもらい受けたい、という大名たちの志向性を利用したこうした戦略は、その後徳川将軍にもそのまま引きつがれていくことになるのであった。

ゆるやかな連合としての将軍と大名

栄典獲得競争の有利な展開(1)

これまで、大名たちが戦国時代にいたっても将軍と交流を保ち、上意が下されればこれを一定度考慮せざるをえなかったのはなぜか、という問題を検討し、上意に配慮し、将軍との良好な関係を保っておけば利益を得られるという期待がその理由の一つではないか、と考えるとともに、そのような利益の一つとして栄典獲得競争の有利な展開、すなわち、ライバルの大名との栄典獲得競争を有利に進めるうえで将軍との良好な関係は大名たちにとって必要であった、ということを論じてきた。

では、このような栄典獲得競争以外に、大名たちにとって将軍との良好な関係を維持していくことにはどのような利益があったのであろうか（あるいは、大名たちはどのような点で将軍との関係には利用価値があると考えていたのか）。以下ではこの点を、史料の豊富な天文～永禄年間（一五三〇～六〇年代。十二代将軍義晴、十三代将軍義輝治世期）を主たる素材にしながら、いくつかの分野にわけて論じていくことにしよう（なお、以下②から⑮までの分野に分類して論じていくが、この分類はあくまで便宜的なものであり、互いにやや重複する部分もあることを最初にお断りしておく）。

内外から合力を得る（②）

天文九年（一五四〇）三月、中国地方の有力大名であった大内氏（義隆）は、将軍義晴に対して次のようなことを願い出ている（『常興日記』天文九年三月九日条）。

大内方より、書立をもって申す人数十人。この内に麻生兵部大輔これあり方へ御下知を成せられ、いよいよ大内方と一味つかまつり、申し合うべき趣、仰せ下され候はば畏《かしこ》まるべきの旨、飯和（幕府奉行人飯尾大和守堯連）をもって言上す。

これによれば、大内氏は将軍に対し、「麻生氏など十人に上意を下し、彼らに将軍から『ますます大内氏と一味するように』と命じてほしい」と願い出たとある。

ここに出てくる麻生氏というのは、先にもふれたごとく大内氏に属する筑前の有力者であり、代々将軍直臣の名門であった。つまり、麻生氏は将軍直臣という点では大内氏といわば同格であったのであり、そうしたことから、大内氏は麻生氏の服属には手を焼いていたのであろう。そこで大内氏は、こうした麻生氏ら十人（おそらく麻生氏以外の九人も、大内氏になかなか服属しない将軍直臣系の有力武士たちであったと思われる）を服属させるため、将軍から彼ら十人に上意を下してもらい、大内氏に味方するようにと命じてもらおうとしたわけである。いわば大内氏は、将軍の力を借りて麻生氏らを服属させようとしていたのであった。

また天文十年十一月、細川京兆家（晴元）は、大和国などで大きな勢威を振るっていた重臣の木沢長政《きさわながまさ》を誅伐することに決した。その際に京兆家は将軍義晴に対し、将軍から山名氏や伊賀仁木《にっき》氏に「京兆を合力いたすべし」と命じてもらいたい、と願い出ている（『常興日記』天文十年十一月十八日条）。おそらく京兆家は、木沢誅伐にあたって山名氏や仁木氏に合力を求めようとしたのであろう。しかし、彼らは京兆家と主従関係にない独立した大名であったから、京兆家が合力を要請しても受け容れてくれるかわからない。そこで、京兆家は将軍に要請し、将軍から山名氏や仁木氏に京兆家への合力を命じてもらおうとしたのだと考えられる。

このように大名たちは、領国内の有力者や主従関係にない他大名といった内外勢力に合力を求める際、しばしば将軍に上意を下すよう求め、将軍の力を借りようとしていた。もとより、上意を持ち出したからといってそれでただちに内外勢力から合力が得られたかどうかは定かではないが、将軍の上意は内外勢力から合力を得るツールの一つとして利用価値あり、と大名たちによって判断されていたことは確かといえよう。

正統（正当）化根拠の調達（3）

戦国時代の大名たちは、将軍の上意を、自らの立場や行為が正統（正当）であることを示す根拠の一つとして利用することがあった。

たとえば永正四年六月、細川澄之《すみゆき》は、養父の細川政元（細川京兆家当主）が殺害されると、京兆家家督を奪取せんとしてただちに上洛した。そして将軍義澄から、自分を京兆家当主として認定するとの御内書《ごないしよ》（＝将軍自身が花押《かおう》をすえて発給した格式の高い公文書）をもらい受けたうえ、京兆家麾下の諸将や関係者らに対して次のような書状、すなわち、自分は将軍から京兆家当主と認める御内書をもらい受け、さらに京兆家の重臣たちからも支持されているのだから、今後とも自分に協力せよ、といった趣旨の書状を複数下した（『大山崎町歴史資料館館報』一三号。東大史料編纂所影写本「服部玄三氏所蔵文書」）。つまり澄之は、自らの京兆家当主としての地位の正統性を示す根拠の一つとして、澄之を京兆家当主に任じた将軍のいわば「お墨付き」を持ち出していたわけである。

また天文元年前後、豊後の大友氏（義鑑）は大内氏を討伐しようとした際、麾下の諸将ら関係者に対して次のように申し述べていた。すなわち、我が大友氏は将軍義晴から上意を賜ったので将軍に相応の忠義を尽くそうとしていたが、大内氏によって妨害されたことから上洛して将軍に忠義を尽くせないでいる。上意に背く大内氏の悪行は明白であり、だからこの大内氏を討伐するのだ、というのであり、ここでは、大内氏討伐が正当なものであることを関係者らに示すため、将軍の上意が大友氏によって持ちだされていることが知られよう（『島津家文書』一一九四号、『熊谷家文書』一一八号）。

さらに戦国時代の後半、日向の伊東氏（義祐《よしすけ》）は、島津氏（貴久《たかひさ》）と日向国の飫肥《おび》・庄《しょう》内《ない》の領有権をめぐって争った際、次のように主張していた。すなわち、我が伊東氏はかつて八代将軍義政から日向・薩摩・大隈の「三ヶ国之守護職」に任命されており、したがって日向国内にある飫肥と庄内は伊東氏に領有権がある、というのであり、さすればここでも、将軍の上意が大名の領有権の正当化根拠として使われていたことが知られよう（ちなみに、この三ヶ国の守護任命は事実ではなく、伊東氏の創作した虚偽であった可能性が高いという。つまり伊東氏は、虚偽を弄してまでも将軍の上意を自身の正当化根拠として利用しようとしていたわけである。以上、『鹿児島県史料（旧記雑録後編一）』所収「樺山安芸守善久筆記」、『宮崎県史』通史編中世第五章）。

以上のように、大名たちは戦国時代にいたっても、自身の家督者としての正統性や自身の行為の正当性を示す根拠としてしばしば将軍の上意を持ち出していた。もちろん、上意を持ち出したからといって、それでただちに大名の立場や行為が正統（正当）だと社会的に認められたかどうかは定かではないが、戦国時代においても将軍――多くの大名たちがなおその存在を認め、形式的にせよ主君として敬仰し、また後述するごとくさまざまな分野で利用していた――の上意を大名たちが自身の立場や行為の正統（正当）化根拠として利用価値ありと判断していた、ということは十分うかがい知ることができよう。

面子を救いショックを吸収する④

現代の国際社会において国家間で紛争が惹起した場合、第三国やさまざまな国際機関が紛争調停を担うことになるが、こうした国際機関のなかでもっとも数多く紛争調停を担っているのはやはり国連であろう。それは以下のような事情によるとされている。

すなわち、紛争両当事国が和平にいたるには、両当事国の一方または双方がなんらかの形で相手側に譲歩しなくてはならない場合が多いが、これまで敵対していた国同士が相互に譲歩しあうのは容易ではなく、また一方だけが譲歩した場合、譲歩した側は面目を失い、場合によっては国内において敵への譲歩に反対する騒乱が現出するかもしれない。

しかし、世界でもっとも普遍的な存在として権威をもつ国連が紛争当事国のあいだに立って調停にあたれば、譲歩することになる国は、相手国に強制されて譲歩したという形ではなく「国連の呼びかけに応じた」という形で譲歩することができるので面子をあまり失わずに済み、「名誉ある退却」の機会をとらえられて和平を結びやすい。つまり、国連というのは紛争当事国にとって、和平を結ぶ際に「面子を救いショックを吸収する装置」として利用しうる存在なのであり、ここに、国連がしばしば紛争調停を担う要因の一つがある、と考えられている（この点は高坂正堯『国際政治』一四六頁〈中央公論社、一九六六年〉、H・モーゲンソー『国際政治』第二十八章〈福村出版、一九八六年〉などを参照）。

ところでこのような、宿敵との和平の際の「面子を救いショックを吸収する装置」としての役割は、戦国時代の将軍もまた大名たちによって期待されていた形跡がある。具体例をあげよう。

永禄七年、毛利氏は、将軍義輝から命じられていた大友氏との和平に応じ、北部九州のほぼすべてを大友方に譲り渡すことで大友氏と和睦《わぼく》した。毛利氏にとって北部九州からの

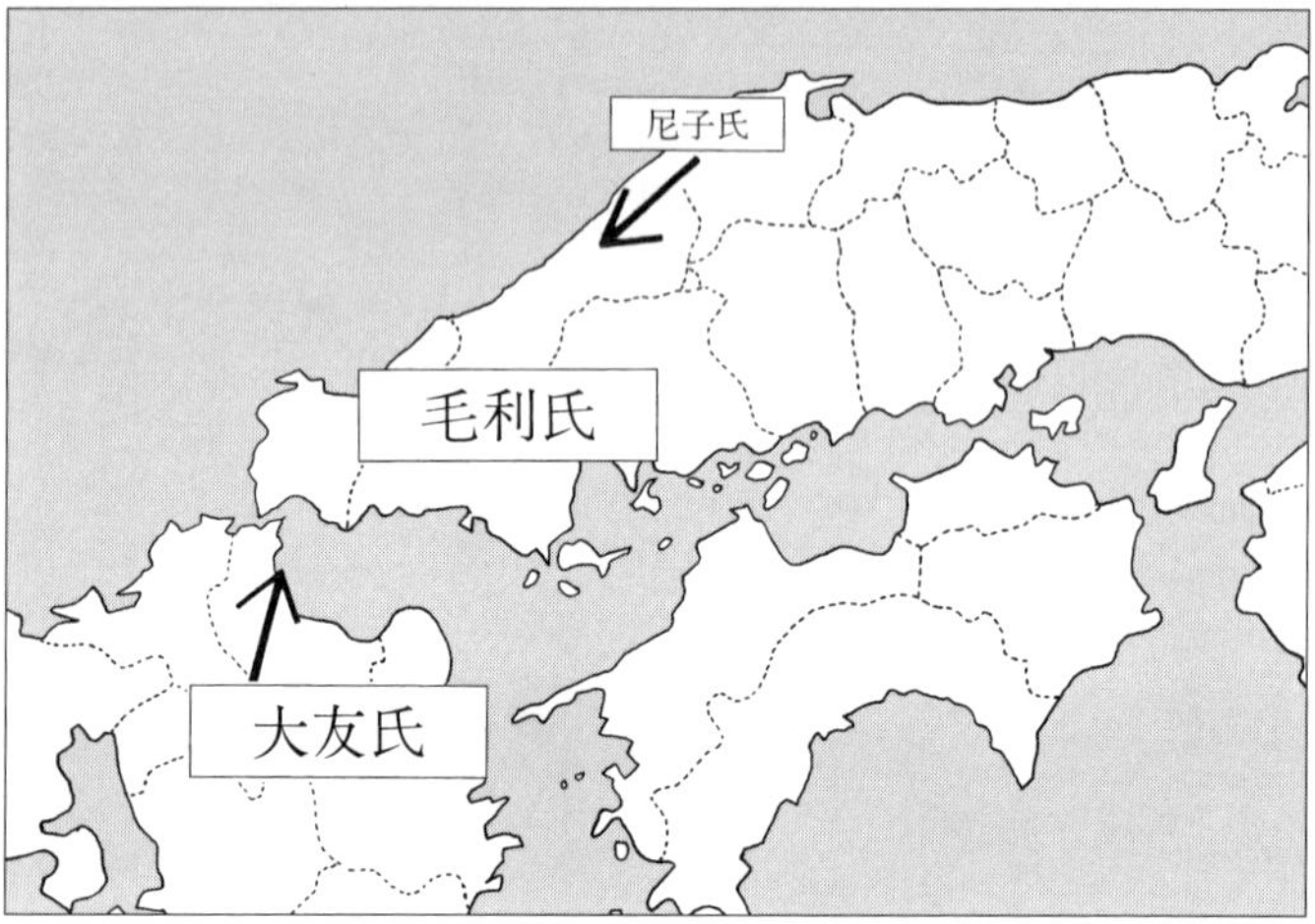

図4　毛利氏と大友氏・尼子氏（永禄初年）

撤退というのは大きな譲歩であったが、このころの毛利氏は、西からは大友氏に、東からは尼子氏に挟撃されて苦戦をしいられていたことから、大友氏との和平を受け容れたのである（図4）。この和平によって毛利氏は尼子氏との戦いに専念できることになったから（毛利氏は二年後に尼子氏を滅ぼした）、和平は北部九州を得た大友氏はもとより、毛利氏にとっても大きな利点があった、といってよかろう。

しかし、宿敵大友氏に大幅な譲歩をしてまでの和平は、これまで中国地方で破竹の進撃をつづけてきた毛利氏の威信を傷つけることになったと思われ、また何よりも問題であったのは、これまで大友氏と北部九州で戦ってきた毛利方諸将から、北部九州からの全面撤退という大幅な譲歩をしてまでの宿敵大友氏との和平につよい不満の示されることが予想されることであった。そこで、毛利氏は関係者らに次のような論理を示した。

すなわち、我が毛利氏は宿敵たる大友氏と雌雄を決しようとしていたのであるが、将軍義輝が毛利氏と大友氏との和平をしきりに画策してきた。このような将軍の和平調停は毛利氏にとって実に「近ごろ迷惑至極」なことであったが、和平はほかならぬ「上意の儀」つまり将軍様のご意向であったので、毛利氏としてもやむなく私欲を止め、上意に任せて大友氏と和平せざるをえなかったのだ、としたのである（『益田家文書』三〇七号）。

つまり毛利氏は、宿敵大友氏との和平を（大友氏に譲歩したのではなく）「将軍様の呼びかけに応じた結果なのだ」という形にしていたわけであり、今日でも敵国に譲歩して和平を結んだ国が、この和平を「国連の呼びかけに応じた結果だ」という形にすることによって敵国との和平における自らの面子を救い、ショックを吸収しようとすることがあるように、おそらく毛利氏も、このように宿敵大友氏との和平に際して将軍を前面に持ち出すことによって、大友氏に譲歩して結んだ和平における自らの面子を救い、また味方諸将の不満をできるだけ縮減せしめようとはかったのだと考えられよう。

家中内対立を処理する⑤

永正十七年、若狭武田氏は、漁業権などをめぐって対立する若狭国三方《みかた》郡丹生浦《にうのうら》と竹浪《たけなみ》村の相論を裁定しようとしたが、なかなか裁決を下せなかった。それは、丹生浦側には若狭武田氏の重臣内藤氏が与同し、一方の竹浪側には、同じく武田氏重臣粟屋《あわや》氏が与同していたからであった。こうした状況下では、若狭武田氏がどちらを勝訴にしても、二人の重臣いずれかの面子をつぶし、武田氏に対する不満を生じさせてしまうであろう。

そこで若狭武田氏は、この事態を乗り切るために将軍を利用することに決する。すなわち武田氏は、この件は「御国において事尽くし候といえども、理非分けられ難き」（武田氏のもとで審議を尽くしたけれども理非を決しがたい）と述べ、京都の幕府奉行人飯尾貞運《いのおさだもち》にこの件を伝え、幕府奉行人の手によって審理してもらいたいと要請したのである。

この要請を受けた幕府奉行人の飯尾は、京都の自邸に内藤・粟屋双方の代理人を呼び寄せてこの事件を審理し、関係者の言い分を吟味したうえで丹生浦方（内藤氏側）の勝訴という「意見」をまとめ、これを若狭武田氏に伝えた。そして、これを受けた若狭武田氏は内藤氏ら関係者に対し、幕府奉行人の「意見」が示された以上は「定めて別の成敗あるまじく候哉」と述べ、この「意見」を根拠として丹生浦方勝訴の判決を最終的に下したのであった（福井県郷土叢書第九集『若狭漁村史料』所収「丹生区有文書」。下村效『日本中世の法と経済』第一編第三章参照。続群書類従完成会、一九九八年）。

ここでの若狭武田氏は、内藤・粟屋の両重臣のどちらを勝訴にしても問題が残ることから、「幕府法の専門家」として令名の高い幕府奉行人を持ち出し、この幕府奉行人の「意見」に従った結果だ、という形で判決を下すことによって、敗訴になった重臣（ここでは粟屋方）を納得させるとともに、その不満が武田氏にできるだけ向かわないようにはかっていたのだと考えられる。このように戦国時代の将軍（に仕える幕府奉行人の「意見」）は、大名家中内の対立を処理する際にも利用価値ありと大名によって判断されていたのであり、このことは、大名たちが戦国時代にいたっても将軍との関係に留意していた理由を探るうえで重要な手がかりになるであろう。

交渉のきっかけを得る⑥

戦国時代における将軍と大名たちとの交流のありさまを観察していると、将軍側近衆や将軍家女房（＝女官）、政所頭人伊勢氏などの上級将軍直臣らが将軍―大名間の仲介を担っていたことに気がつく。以下、このような、将軍―大名間を仲介する将軍側近らのことを仮に「大名別申次《もうしつぎ》」と呼んでおこう。

表1　大名別申次の一例（天文年間）

大名別申次	担当大名
伊勢貞孝（政所頭人）	武田氏（若狭）
大館晴光（内談衆）	朝倉氏（越前） 大友氏（豊後）
清光院（将軍家女房） 三淵晴員（清光院弟）	本願寺（加賀）
大館常興（内談衆）	畠山氏（能登） 北畠氏（伊勢）
海老名高助（内談衆） 朽木稙綱（内談衆）	六角氏（近江）

この大名別申次は、それぞれ自分が担当する大名を決め（表1を参照）、その大名と将軍とのあいだを専属して仲介し、大名からの要望を将軍に取り次いだり、将軍からの指令を大名に伝えたりしていた。また、単に将軍と大名とのあいだを機械的に仲介するだけでなく、自分の担当する大名からの要望が将軍に受け容れられるよう、将軍周辺において「ロビー活動」とでもいうべき政治工作を展開し、その一方で、将軍の指令を大名が受け容れるよう、大名に対して圧力をかけるという役割も担っていた。つまり大名別申次は、大名と将軍のそれぞれの立場に立って活動していたのであり、それゆえ、時には大名と将軍とのあいだで「板ばさみ」になり、進退きわまるといったケースもみられた（『天文日記』天文六年十一月二十六日条など）。

大名たちは戦国時代にいたっても、将軍側近や上級将軍直臣らにこうした大名別申次になってもらい、将軍―大名間の円滑な仲介を依頼していた。また、大名別申次になるような将軍側近や上級将軍直臣らは、各地の大名やその関係者とさまざまな人脈をもっていたことから、大名は、この大名別申次のもつ人脈を利用して他大名と交渉するきっかけを得ることもあった。そのようなケースとしてここでは若狭武田氏の事例をあげておこう。

天文七年、若狭武田氏（信豊《のぶとよ》）に内訌《ないこう》が発生した。隣国越前の大名、朝倉氏の支援を受けた武田信孝《のぶたか》（若狭武田氏一族）に造反されたのである。そこで若狭武田氏はこの苦境を脱すべく、同氏担当の大名別申次になっていた伊勢貞孝《いせさだたか》（幕府政所頭人）らをつうじて将軍に要請し、武田信孝を支援しないようにとの上意を将軍から朝倉氏に下してもらったうえ、この伊勢貞孝を介して大坂本願寺（証如《しょうにょ》）と手を結ぼうとした。

周知のように、本願寺は加賀の一向一揆を麾下に置いており、しかも本願寺・加賀一向一揆と朝倉氏とは長年にわたって対立関係にあった。そこで若狭武田氏は、本願寺と連携することによって、造反者信孝を支援する宿敵の朝倉氏を本願寺（加賀一向一揆）と若狭武田氏とで左右から挟撃しようと計略したのであり（次頁の図5）、さっそく伊勢貞孝に依頼し、豊富な人脈をもっていた貞孝に本願寺と接触してもらい、武田氏との連携の意思はないかと打診してもらった（伊勢貞孝は、本願寺と関係のある印溪周森《いんけいしゅうしん》〈相国寺興禅軒の僧〉と人脈があったので、この周森をつうじて本願寺側に打診した）。

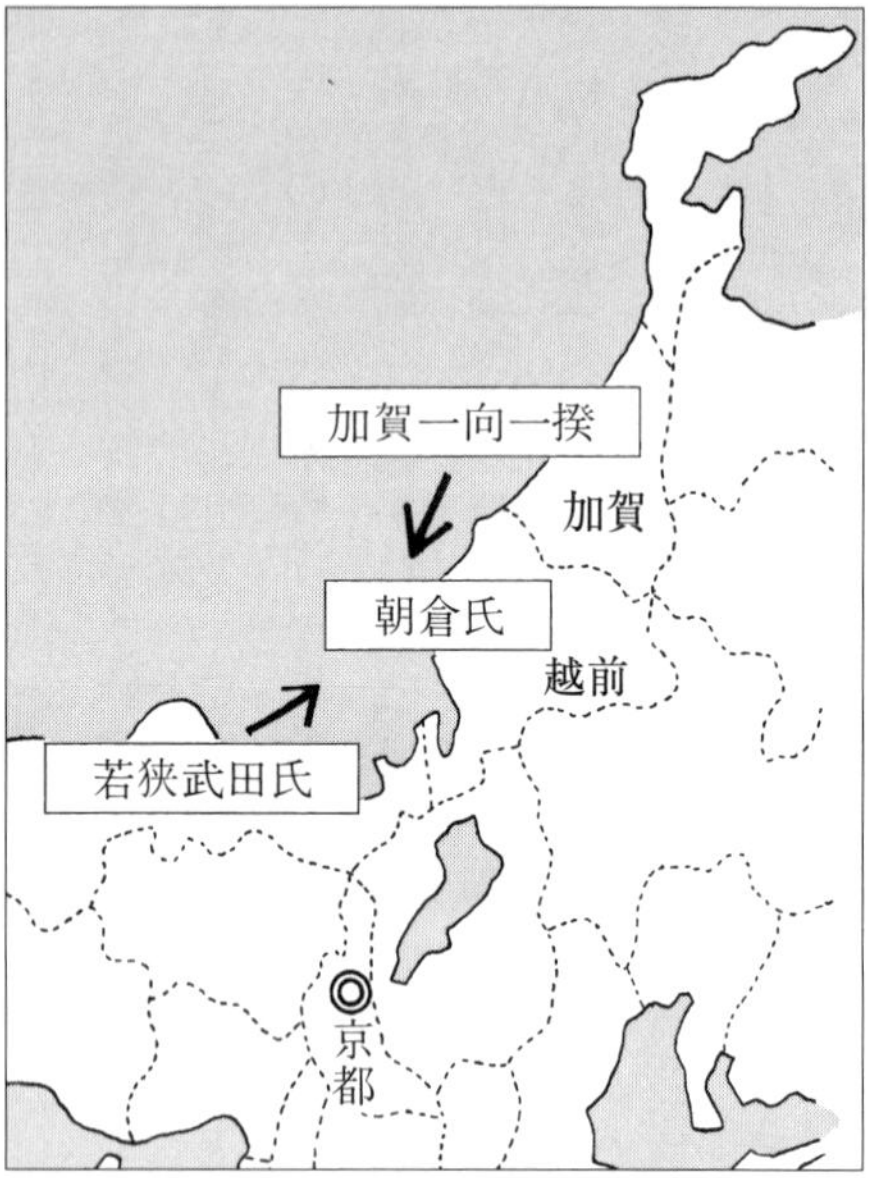

図5　若狭武田氏と朝倉氏・加賀一向一揆

結局、この連携は成立しなかったようであるが、若狭武田氏が同氏担当の大名別申次であった伊勢貞孝の人脈を使い、本願寺との連携交渉のきっかけを得ていたことは注目に価する。すなわち、大名たちにとって、豊富な人脈をもつ将軍側近や有力直臣らは他大名との交渉のきっかけを得るうえで有用であったのであり、ここに、大名たちが将軍側近らに自分専用の大名別申次になってもらい、彼らと緊密な連携をはかっていった一つの理由があったといってよかろう（以上、『常興日記』天文七年九月二十日・二十九日条、『天文日記』天文七年十月十八日条、『親俊日記』天文七年十一月紙背文書など）。

敵の策謀を封じ込める⑦

右の事件から二年後の天文九年、今度は越前朝倉氏（孝景《たかかげ》）に内訌が発生した。朝倉一族の朝倉景高《かげたか》（朝倉氏当主孝景の弟）が造反したのであり、彼は越前では利あらずと判断して京都にのぼった。

すると、この景高に目をつけた大名があった。それは、朝倉氏と敵対していた隣国の若狭武田氏である。若狭武田氏は景高の上洛を知ると、ただちに京都にいる伊勢貞孝（若狭武田氏担当の大名別申次）や本郷光泰《ほんごうみつやす》（時の将軍義晴の側近たる「内談衆」の一員であり、若狭武田氏と親しい関係にあった）らと連絡をとり、京都に潜伏する景高との接触をはかった。右述のごとく、若狭武田氏はこのわずか二年前、造反した一族（武田信孝）を朝倉氏に支援されて苦境に直面した経験をもっていたから、今度はその報復とばかりに、朝倉氏に造反した景高を支援し、朝倉氏に圧力をかけようとしたのである。

しかし、このような若狭武田氏側の動きは、朝倉氏によってただちに察知されるところとなった。朝倉氏が武田方の動きをいち早く知ったのは、朝倉氏担当の大名別申次になっていた大館晴光《おおだちはるみつ》（内談衆の一員）から詳細な情報を得ていたからであり、そこで朝倉氏は、ただちにこの晴光を介して将軍に働きかけ、将軍に伊勢貞孝・本郷光泰と景高との接触を禁ずるとの上意を下してもらった。

ところがこれに対し、伊勢と本郷は上意を無視し、その後も景高との接触をつづけた。そのためこの二人は将軍の怒りにふれ、伊勢は将軍から義絶、本郷は死罪の処分を受けてしまった（なお、伊勢はその後赦免されたが、本郷は逐電した）。この結果、若狭武田氏も景高への支援断念を余儀なくされていく。前にふれたように、若狭武田氏は家中対立の際などに将軍を利用しようとする志向性をもっていたから、将軍が伊勢と本郷を処分し、若狭武田氏による景高支援に明確に不快感を示すにいたった以上、若狭武田氏としても将軍との関係破綻の危険をおかしてまで景高を支援するわけにはいかなかったのであろう（以上、『常興日記』天文九年九月二十三条、『天文日記』天文十二年四月十一日条など）。

さて、以上の経緯からは「どのような上意が下されるか」ということが、大名たちのあいだで意外に大きな影響をおよぼす場合のあったことが看取されよう。すなわち、若狭武田氏は有利な上意を得られなかった結果、将軍によって伊勢貞孝や本郷光泰の行動を禁じられてしまい、豊富な人脈をもつ伊勢や本郷などを使った、景高（やそれ以外の反朝倉方大名）と連携して朝倉氏に圧力をかけていくという道を封じられてしまった。

一方、朝倉氏のほうは、将軍に影響力をもつ内談衆大館晴光の協力によって有利な上意を得られたことから、若狭武田氏のこうした策謀を封じ込めることに成功したのであり、これらのことからは、将軍から有利な上意をもらい受けておくことは、敵の策謀を封じるうえで有用に働く場合のあったことが知られる。さすればここにも、大名たちが戦国時代にいたっても将軍と交誼を結ぼうとし、また将軍に影響力をもつ将軍側近衆などと接触し、彼らに大名別申次などになってもらって緊密に連絡を取りあっていた理由の一つがあったといってよかろう。

情報を得る⑧

右に紹介した朝倉景高をめぐる事件において、朝倉氏（孝景）が有利な上意をもらい受けることに成功したのは、朝倉氏担当の大名別申次であった大館晴光から詳細かつ正確な情報をいち早く入手したことが大きかった。すなわち、大館晴光は朝倉氏に対し、景高が越前から京都に到着した事実をはじめ、京都における景高の潜伏先、景高をめぐる若狭武田方の動き、さらには将軍義晴の心証にいたるまで、さまざまな詳細な情報をいち早く送っていたのであり（「書札案文」所収大館晴光書状案。『ビブリア』七九、一九八二年）、このことが、朝倉氏を即座に事態に対処させ、同氏に有利な上意をもたらすことになった大きな要因であったと考えられる。

テレビも電話もなかった戦国時代では、正確な情報を迅速に入手することは現代人の想像する以上に困難であったが（この点は、山田邦明『戦国のコミュニケーション』に詳しい。

吉川弘文館、二〇〇二年）、京都の将軍やその周辺には、各地の大名たちとの人脈などをつうじて各地のさまざまな情報が集積されていた。そこで、朝倉氏をはじめとする多くの大名たちは、戦国時代においても京都に家臣や関係者を常駐させ（このような家臣たちを「在京雑掌《ざつしょう》」と学問上では呼んでいる）、情報収集などにあたらせていた。

しかし、大名の家臣にすぎない在京雑掌だけでは、将軍周辺に集まった貴重な情報を十分に入手することは困難であり、ましてや将軍の心証などは知る術もない。その点、将軍に近侍する側近や将軍家女房であったならば、そのような情報を入手することも可能であった。すなわち、大名たちにとっては情報収集という点でも将軍側近らとの関係は有用であったわけであり、さすればここにも、大名たちが将軍側近らに接近し、彼らに大名別申次になってもらっていた理由の一つを求めることができるといえよう。

権力の二分化を防ぐ⑨

戦国時代では、大名だけではなく大名麾下の諸将らも将軍と直接結びつくことを欲しており、将軍のほうも伝統的な対大名政策としてこうした諸将たちと直接結びつくことを積極的に進めていた（大名麾下の諸将らは将軍に直結することで大名から「自立」する一助にしようとし、将軍のほうはこうした諸将を引き込むことで大名に対する影響力を高めようとした）。

しかし、将軍と大名麾下の諸将とが直接結びついてしまうことは、大名家中において大名と将軍という「権力の二分化」を生み出してしまうことになったから、もとより大名にとっては好ましからざることであった。そこで大名たちは、将軍と家中の者とが直接交流することを禁じ、将軍を大名だけで独占しようとはかった。

たとえば天正二年閏十一月、薩摩島津氏(義久)は将軍義昭に対し、将軍から島津家中の者に直接御内書が下され、また家中の者から将軍に直接返答が出されたりしているが、そのようなことは止めてほしい、と要請している(『上井覚兼日記』天正二年閏十一月十八日条)。また天文五年ごろ、豊後大友氏(義鑑)は大館晴光(大友氏担当の大名別申次でもあった)に対し、豊後のことで何れより将軍に言上があったとしても、大友氏の書状が添付されていなければ将軍に披露しないでほしい、と要請して晴光の了解をとっており、これも大友氏にとって不利な情報が将軍の耳に届かないようにするとともに、大友麾下の諸将らが大友氏の頭越しに将軍と直接接続してしまうことを防止する、という意図に基づくものであったとみられよう(『大友家文書録』八八六・八九二号)。

大名たちにとって家中での「権力の二分化」を防ぐには、大名だけで将軍の上意を独占し、家中の者が将軍と直接接触するのを防いでいく必要があった。しかし、そのためには、将軍やその関係者らに要請し、彼らが大名の頭越しに大名家中の者と直接接触することを控えてもらわねばならない。すなわち、大名たちにとって「権力の二分化」を防止するうえでも、将軍やその関係者らの協力は不可欠であったわけである。

ライバルを「御敵」にする⑩

天文十年十一月、大内氏（義隆）は渋川《しぶかわ》氏と同盟し、少弐《しように》氏と連携する大友氏（義鑑）と肥前国（佐賀県）をめぐって抗争した。こうした中で、大内氏は将軍に対し、「肥前国人」（＝肥前の有力武士たち）に「御敵同意御下知」を発給してもらいたい、と求めた（『常興日記』天文十年十一月七日条）。

この「御敵同意御下知」がどのようなものか判然としないが、大内氏が申請していることから考えて、大内氏と対立する大友氏や少弐氏を将軍の「御敵」にしてもらい、この「御敵」＝大友・少弐氏に同意しないことを肥前の武士たちに将軍から命じるものであったと考えられる。大友氏は上述のごとく栄典獲得競争や「権力の二分化」防止などで将軍からの協力を必要としていたから、おそらく大内氏はこのことを計算したうえで、大友氏を将軍の「御敵」にすることは大友氏をそれなりに困惑させるであろうと判断し、大友氏やその同盟者少弐氏らを将軍の「御敵」にしようとしたのであろう。

このように、大名が将軍に要請し、敵対大名を将軍の「御敵」にしてもらうというケースは戦国時代に数多く検出される。たとえば天文十年十一月、細川京兆家（晴元）は、重臣の木沢長政を討とうとした際、将軍に頼んで木沢を将軍の「御敵」にしてもらおうとしており、翌十一年三月には敵対する畠山弥九郎をやはり「御敵」にするように将軍に要請している（『常興日記』天文十年十一月十八日、同十一年三月十日条）。

また永禄年間の末、伊予の河野氏も足利義昭に対し、敵対する伊予喜多郡の宇都宮氏を「御敵」にするよう願い出てこれを認められており、河野氏はその礼として義昭に太刀や銭貨を進献している（『愛媛県史』資料編〈古代・中世〉、二〇四一・二〇四二号など）。敵対大名を将軍の「御敵」にしてもらうことが、敵対大名をどの程度悩ますことになったのかは定かではないが、このように大名たちがしきりに敵を将軍の「御敵」にしてもらっていることを考えれば、大名たちが敵を苦悩させるツールとして将軍（による「御敵」指定）には有効性ありと判断していたことは確かといえよう。

幕府法の助言を得る⑾

国家が唯一の法制定の主体であり、裁判権を独占している近代社会とは異なって、多数の法制定・裁判の主体の存在をその特徴としている中世社会では、将軍（幕府）のみがあらゆる裁判権を一元的に独占していたわけではなく、各地の大名たちもそれぞれ独自に裁判権をもち、各々の領国内で将軍とは別個に裁判を実施することが可能であった（勝俣鎮夫『戦国法成立史論』一二三四頁、東京大学出版会、一九七九年）。

ただし、戦国時代にいたっても京都やその周辺で起きた紛争の多くは、依然として将軍（幕府）のもとに持ちこまれて処理されていたから（↓25頁）、畿内地方では幕府法が紛争処理の際の一つの重要な規範となっていた。それゆえ、畿内地方の大名たちは幕府法や幕府判例を知らないと裁判が停滞を余儀なくされる、ということもあった。

たとえば天文七年十一月、細川京兆家（晴元）は、同家領国であった摂津国内にある住吉浄土寺と堺の桑原道隆《どうりゅう》入道とで争われた金銭貸借をめぐる紛争を処理しようと裁判を開始したが、京兆家の法廷では「対決」（＝原告・被告の口頭弁論）までなされたものの、結局「落居《らっきょ》無し」つまり最終解決がはかられない、という事態にいたってしまった。これは、京兆家で裁判実務を担っていた三人の同家奉行人（飯尾元運《いのおもとかず》・飯尾為清《いのおためきよ》・茨木長隆《いばらきながたか》）が、この案件を裁くうえで不可欠な、田地「質流れ」に関する幕府「御法」の知識を欠いていたからであり、そこでこの京兆家奉行人三人は、その後そろって幕府政所頭人伊勢氏（貞孝）のもとに自ら参上し、この件に関する「御法」を尋ね、伊勢氏側から助言を得ている

（『親俊日記』天文七年十一月二十日〜二十六日条）。

また天文二十二年二月、大坂本願寺の宗主証如は、謀書の罪を犯した者を死罪に処さんとしたが、刑の執行を躊躇した。それは『御成敗式目』（かつての鎌倉幕府の基本法典）に「謀書は遠流《おんる》に処すべし」とあったからであり、『式目』に反した判決を下すことで問題が起きはしないか、と証如は考えたのである。

そこで、証如は幕府奉行人に対し、謀書犯の刑についての幕府判例を尋ね、謀書犯を死刑に処した例が数年前にあった、ということを聞き出したうえではじめて刑を執行した（『天文日記』天文二十二年二月二十・二十一日条）。つまり証如は、『式目』とは異なった死刑判決を下す際、自分のこの判決が「正当」であることを示そうとし、そしてこの判決の正当性を示す根拠として幕府判例を持ち出そうとしていたわけである。ここからは、判決の正当化根拠として幕府判例が利用されていたことが知られよう。

以上のような、畿内の大名などが幕府関係者（幕府奉行人や政所頭人伊勢氏、政所代蜷川氏など）に幕府法や幕府判例について助言を求める、といったケースは戦国時代においてもしばしば検出される（たとえば『親俊日記』天文七年十二月五日、同十一年九月十七日条など）。畿内の大名たちは、戦国時代にいたっても裁判遂行にあたって幕府関係者の助言・

知識を必要とすることがあったわけであり、したがって、畿内の大名たちにとって幕府関係者と連絡をとりあっていくことは領国支配上依然として必要であった、ということができよう。

日明貿易の独占（⑫）

戦国時代、中国地方から九州の一部にまで勢力を広げていた大内氏は「日明貿易」を遂行していたことで知られている。日明貿易は莫大な利潤の期待できるものであったが、周知のように明王朝は「日本国王」たる足利将軍としか貿易を認めておらず、したがって大内氏が日明貿易を遂行していくには、将軍との良好な関係を維持していくことが何よりもまず不可欠であった。

また、日明貿易は大きな利潤の期待できるものであったことから、これに参入しようとする大名たちも多く、大内氏はこうした大名を排除し、貿易を自分だけで独占していくうえでも将軍との関係は利用価値ありと判断していたようである。たとえば天文十年十一月、大内氏（義隆）は、日明貿易参入をねらう細川京兆家（晴元）の影響下にある堺から貿易船が明国に向けて出帆する、との情報に接すると、この船の出帆延期を命じる上意を下してもらいたいと将軍に要請している（『常興日記』天文十年十一月十二日条など）。

このように、大内氏にとって将軍との良好な関係は、日明貿易の遂行と独占をはかるうえで重要であり、また前述したごとく、大内氏はライバルの大友氏などを将軍の「御敵」にしたり、麻生氏などの麾下の諸将を服属させるうえでも将軍の上意は利用価値ありと判断していた。しかし、このように将軍との関係を利用価値ありと判断し、将軍との良好な関係を必要としていれば、大内氏はその代償として、将軍の上意が下されたならばこれを容易には拒否できない、といった制約も必然的に受けなくてはならない。大内氏が自らの領国豊前国内にある羅漢寺住持の件ですら、一度出された将軍の上意を無視することができなかったのは（→46頁）、そうした制約のあらわれの一つとみていいであろう。

そしてこのように、大内氏が将軍を利用する一方で将軍から制約を受ける立場にもあった、ということは、大内氏周辺の大名たちの挙動に少なからぬ影響を与えていく。次にこの点を、赤松氏、尼子氏、大内氏三者の関係から論じていくことにしよう。

敵対大名を牽制する⑬

天文初年、赤松円心《えんしん》以来の名門、播磨赤松氏（晴政）は滅亡の危機に瀕していた。山陰の有力大名である出雲尼子氏（晴久）から侵攻を受け、その後ついに尼子氏によって播磨国を奪われてしまったからである（次頁の図6）。そこで赤松氏は、この危機的状況を乗り切るために将軍義晴の力を借りようと決する。すなわち、将軍に礼物を贈献してその好意を得たうえ、将軍に対し、播磨から

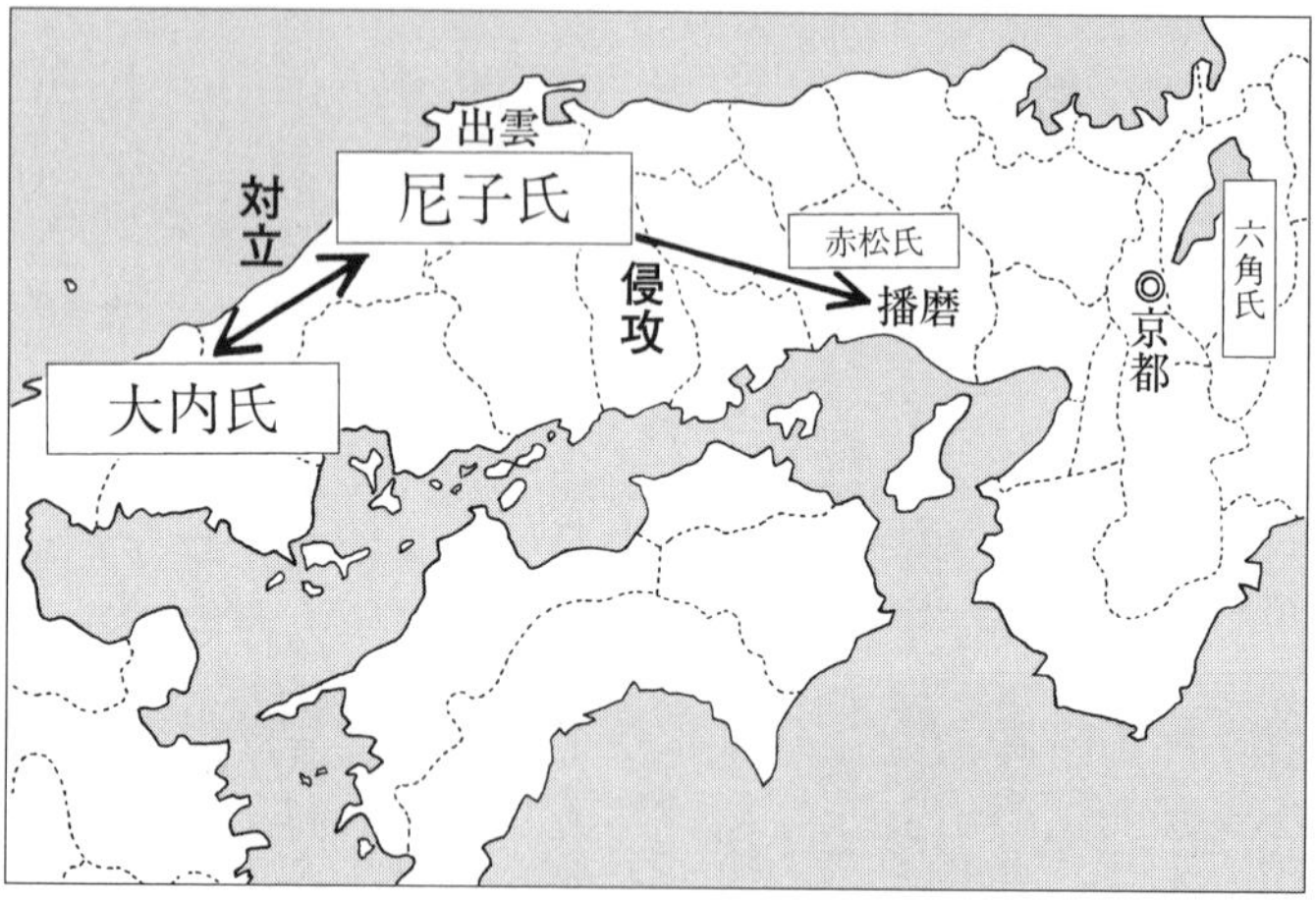

図6　赤松氏と尼子氏・大内氏（天文初年）

撤退するよう尼子方へ「御口入《ごくにゅう》」（＝斡旋）して欲しいと要請し、また赤松氏の播磨帰国を認める上意を下してくれるようにと求めたのである（以上、『親俊日記』天文八年十一月十九日条、『常興日記』天文九年二月二十七日、七月三日条など）。

赤松氏が将軍を頼ったのは、このころの尼子氏が将軍との関係緊密化をはかっていたからであったと考えられる。天文年間に入って尼子氏は将軍に急速に接近し、さかんに礼物を贈献して将軍との良好な関係を築きあげようとつとめていた。そこで赤松氏はこうした状況にかんがみ、将軍から尼子氏に播磨撤兵を命じてもらったり、赤松氏の帰国を認める上意を下してもらえたならば、尼子氏もこれを無視することはできないのではないか、と判断したのであろう。

ではなぜ尼子氏は、このころ急速に将軍に接近していたのであろうか。このころの尼子氏は出雲から東方（京都方面）進出をはかっていたが（尼子氏の播磨侵攻もその一環であった）、尼子氏にとって頭の痛い問題であったのは、尼子氏が東方に兵を進めた際、手薄になった本国出雲などを宿敵の大内氏（義隆）に攻撃されることであった（図6）。そこで尼子氏は、東方進出にあたって大内氏との関係改善を進めようとしており、大内氏と縁戚関係を結ぼうとしたり、東方進出を大内氏と共同で進めようとはかったりしていた（『常興日記』天文七年九月八日条、『天文日記』天文九年四月二十日条）。

さすれば、尼子氏が東方進出と連動するような形で将軍に急速に接近していったのも、こうした大内氏対策の一環であった可能性が高いと考えられよう。というのは、大内氏は先にも論じたごとく、日明貿易の独占などで将軍との良好な関係を必要としており、それゆえに将軍から一定の制約を受けざるをえない立場にもあったからである。おそらく、尼子氏はこうした大内氏の立場を計算したうえで将軍に接近し、尼子氏の東方進出に将軍から好意をもらえたならば大内氏を牽制できるかもしれない、と判断したのであろう。

しかし、このように将軍を利用しようとすれば、尼子氏もまたその代償として将軍を利用した分だけ上意を容易には拒否できないという制約を受けなくてはならない。今度は、そこを赤松氏が鋭くついたのである。赤松氏が将軍に対し、尼子氏への斡旋や赤松氏の播磨帰国を認める上意を下すよう要請し、上意によって尼子氏を牽制しようとはかったのは、尼子氏の立場を計算に入れた巧みな外交戦略であったと考えてよかろう。

以上のように、大名たちは敵対関係が複雑に絡みあうなかで、敵対大名を牽制するツールとして将軍を利用することがあった。すなわち、ある大名A（たとえば大内氏）が将軍を利用価値ありと判断し、将軍と緊密な関係を築こうとすれば、上意を容易には無視できないといった制約も受けることになる。すると、この大名Aと敵対する大名B（たとえば尼子氏）が、大名Aを牽制するツールとして将軍には利用価値ありと判断し、将軍のもとに接近していく。しかしそのことは、この大名Bにも上意を容易には無視できないという制約をもたらすことになり、そしてそれがこの大名Bと敵対する大名C（たとえば赤松氏）を将軍のもとに引き寄せていく、といった状況の生じることがあったわけである。

他大名と連携する契機を得る⑭

先ほど、尼子氏に播磨を追われた赤松氏が将軍義晴に対し、播磨帰国を認める上意を下してほしい、と求めたことを紹介した。赤松氏はこの上意を使って尼子氏を牽制し、播磨帰国をはかろうとしたわけである。しかし、赤松氏から要請を受けた将軍義晴は、この件をどう措置すべきか判断に迷った。尼子氏も将軍に礼物を進献するなどして忠誠心を見せており、それなのに尼子氏にとって不利になるこのような上意を赤松側の求めに応じて下していいものか、と迷ったのである。そこで将軍は、側近である内談衆たちと相談したうえで、この件をどう措置すべきか、南近江の大名である六角定頼《ろっかくさだより》に諮問を下した（以上、『常興日記』天文九年七月三日条）。

ここで、六角定頼が突然出てきたのにはもとより理由がある。そもそも、戦国時代の歴代将軍は、細川京兆家にその存立を過度に支えられることから生じる危険性の分散をはかるべく、京兆家以外の大名にも上洛してもらい、将軍が複数の在京大名に直接支えられる体制を再構築しようとした（↓36頁）。将軍義晴の場合、そのような大名として期待したのが六角定頼であり、定頼はしばしば上洛して細川京兆家とともに義晴を直接的に支え、また義晴が政変に遭遇して京都を脱出してくると疎開先を提供してこれを保護した。

それゆえ、定頼は将軍義晴から重用されており、義晴からしばしば重要事件について諮問を下されて意見を求められるなど、上意に一定の影響力をおよぼしうるような立場にあった（もっとも、だからといって定頼が将軍義晴を傀儡化していたわけではない）。赤松氏の播のは、こうした定頼の立場に因るものにほかならない。

さて、定頼は将軍から諮問を受けると、将軍に対して次のように答申したという。すなわち、「大内方へ人を下し、様体手合わせ候て申し上ぐべし」と、この件は大内氏（義隆）に使者を下し、よく相談したうえで返答します、というのであり、ここで定頼が大内氏を持ち出し、その意向を聴取しようとしていたことは興味深い（『常興日記』天文九年十月十日・十二日条など）。というのは、将軍が赤松氏の播磨帰国を認める上意を下す、ということは、当然ながら尼子氏にとって不都合なことであり、尼子氏と対立する大内氏にとっては好都合なことであったからである（図6）。おそらく、定頼はこのことを計算したうえで、将軍から諮問に預かるその立場を使ってあえてこの件に大内氏を関与させ、これによって大内氏にいわば恩を売り、その好意を得ようとはかったのだと考えてよかろう。ちなみに、右のような出来事などによって六角氏は大内氏と関係を深め、天文十六年には大内氏の独占する日明貿易への参加を大内氏によって許されていた形跡も認められる。

このように、将軍から諮問に預かる立場を得ておくことは、有利な上意を欲する大名たちに恩を売り、彼らと新たに連携する契機を入手しうるものであった。関連する事例をもう一つあげておこう。

戦国時代の大坂本願寺は、一向一揆の領袖として大きな勢威を誇っていたが、各地の大名たちとの関係をいかに安定的に保つか、ということは本願寺にとってなお頭の痛い課題であった。なぜならば、本願寺といえども大名間で孤立し、大名たちから一斉攻撃を受ければ滅亡しかねなかったからであり（実際、天文元年に本願寺は、細川京兆家や六角氏といった近隣大名たちから一斉攻撃を受け、当時本拠としていた京都の山科御堂を焼き討ちされてしまっている）、また、各地に分布する門徒たちを大名からの迫害より守るうえでも、対大名対策は本願寺にとって重要であった。

そこで、本願寺はとりわけ山科御堂焼き討ち事件のあった天文初年以降は、大名たちの抗争にできるだけコミットすることを避けて中立を守るとともに、将軍義晴に急速に接近し、将軍とのあいだに良好な関係が保たれるようつとめていった。将軍と緊密な関係を保ち、いわば「顔の広い」将軍から好意を得ておけば、有利な上意をもらい受けたい大名たちを将軍を介して牽制し、大名たちによる門徒迫害や大名間での本願寺の孤立を防ぐことが期待できる、と本願寺では判断したのであろう。

それゆえ、本願寺は将軍の不興をかわないよう気を配り、将軍から上意が下されればこれをできるだけ尊重し、加賀国内における将軍関係者の所領保全につとめたり、将軍に求められれば献金に応じたりしていた。天文六年に本願寺が将軍から献金を求められた際、いったんはこれを拒否しながら、将軍から「御敵」に指定されることを懸念して献金に応じる姿勢に転じたのも（↓45頁）、将軍との関係を重視する本願寺の政策に基づく挙動であったといえよう。

しかし、本願寺がこのように将軍義晴との関係を重視すれば、将軍に近しい六角定頼との関係も同時に重視せざるをえないことになる。本願寺側では定頼のことを「上意なども六角に万事御尋ね」（将軍は定頼に万事相談している）などと理解していたから、本願寺はこのような定頼との関係も悪化しないよう注意を払い、それはたとえば定頼から近江門徒衆を「破門」するよう求められると、やむをえずこれを受け容れる、といったほどであった（『天文日記』天文五年八月二十日、十二月一日条）。いいかえれば、六角定頼は将軍に近しい立場にあったことによって、将軍との関係を重視する本願寺に対して一定の発言力をもつようになったわけであり、このことから、本願寺・一向一揆への対応に苦慮する大名たちのなかには定頼と連携しようとする者もあらわれていった。

たとえば、戦国時代の能登畠山氏は、隣国である加賀の一向一揆と熾烈な闘争を久しく展開してきたが、次第に和解の道を模索するようになっていた（図7）。そうした中、天文八年に能登畠山氏（義総《よしふさ》）は六角定頼と縁戚関係を結んで同盟し、しかる後にこの定頼をつうじて本願寺側に和睦を申し入れ、ついに天文九年、定頼の仲介によって長年の懸案事項であった本願寺（加賀一向一揆）との和睦を成功させた（『天文日記』天文八年十二月五日、天文九年九月二十七・二十八日条など）。能登畠山氏にとって、本願寺に発言力をもつ六角定頼との同盟は本願寺との関係改善を進めるうえで大きな利点があったのであり、だからこそ、能登畠山氏は六角氏との同盟に踏み切ることにしたのであろう。

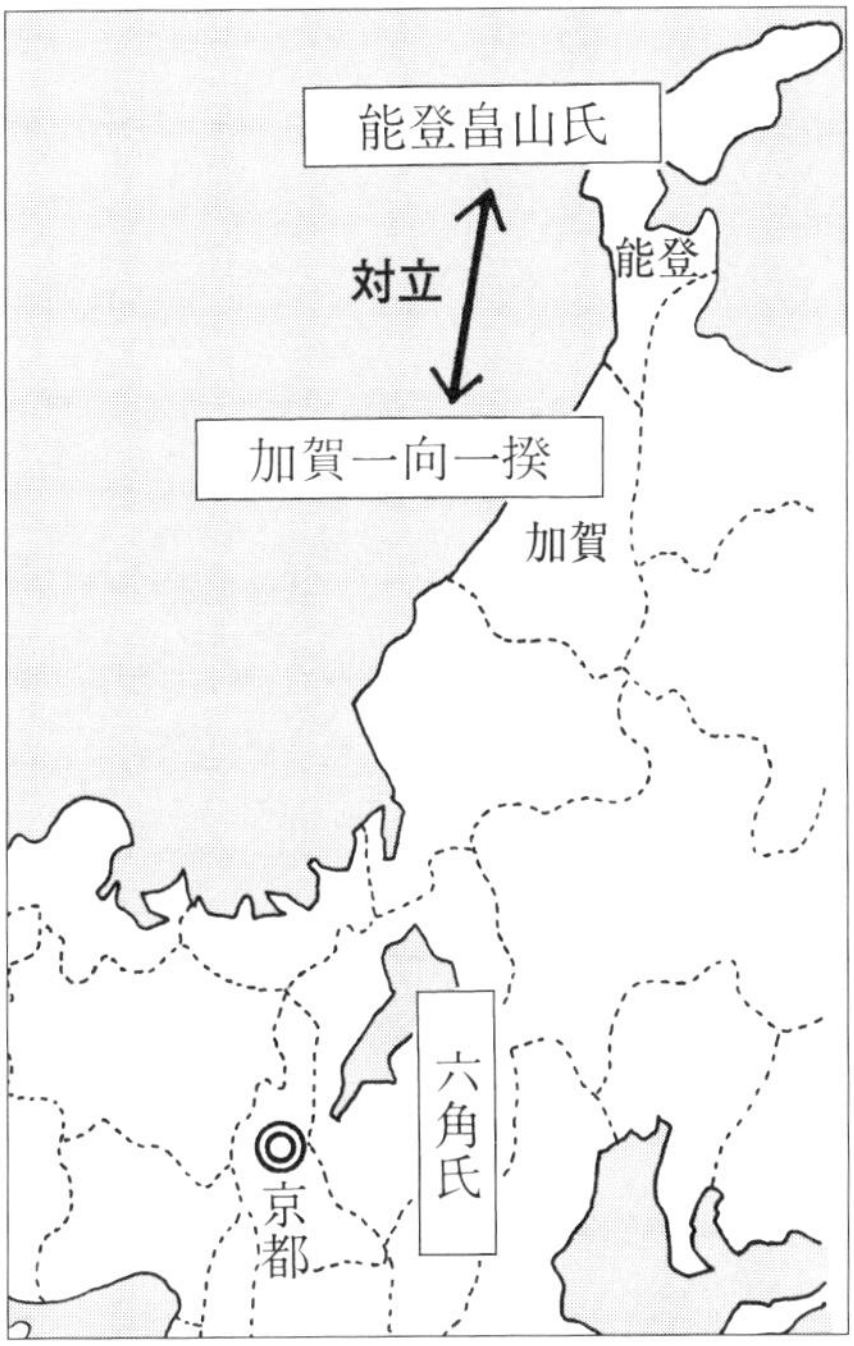

図7　能登畠山氏と加賀一向一揆

　以上のごとく、六角定頼のように将軍からしばしば諮問に預かり、将軍の上意に影響力をおよぼしうるような立場を得ておくことは、有利な上意や将軍との良好な関係を求める大名たち（＝大内氏や本願寺など）に恩を売り、彼らに対する発言力を入手する契機になりうるものであったうえ、彼らを牽制したい大名たち（＝能登畠山氏など）をもさらに味方に引き寄せ、新たな連携の道を開く可能性のあるものでもあった。さすればここに、六角氏や細川京兆家、三好氏、そして織田信長などがしばしば上洛して将軍を直接的に支え、上意に影響力をおよぼしうる立場を得ていった理由の一つがあったと考えてよかろう（信長については後述する）。

周囲からの非難を回避する⑮

永禄二年、毛利氏（元就・隆元）は、将軍義輝から尼子氏との和平を命じられたことから、これにどう対応すべきか毛利氏内で議論がなされた。その際に毛利隆元は、もし毛利氏が和平を命じる将軍の上意に背いたならば、毛利氏は内外から非難されるかもしれない、との懸念を表明していた（『毛利家文書』七二九号）。

ただし、これにつづいて隆元は、上意であっても毛利の家を保つためならばこれに背いてもかまわないのだ、と述べており、一般にはこの部分が注目され、戦国時代では将軍の上意などは大名たちにとっては一片の紙片のごときものでしかなく、大名たちは何の躊躇もなく上意など無視していた、といった形で理解されることが多い。しかし、上意に背いた場合に内外から非難が惹起するかもしれない、との懸念を隆元が示していたことは看過してはならないであろう。

すなわち、将軍の上意を拒否することは、将軍を主君として認め、利用している大名たちなどから非難を受ける可能性のあったことを隆元の懸念は示しているのであり、さすれば、大名たちが戦国時代にいたっても上意をあからさまな形では拒否せず（できず）、上意を拒否する際にも上意を軽視しているわけではないことをしばしば表明していた理由の一つをここに求めることができるかもしれない。N・マキャベリが、君主は信義など守るべきではないが、それによって内外から非難を受けてはならず、したがって君主にとって信義を「具《そな》えているように見えるのは有益である」（『君主論』一四三頁、講談社、二〇〇四年）と述べているように、大名たちにとっても内外からの非難を回避

図8　十三代将軍・足利義輝（京都市立芸術大学芸術資料館所蔵）

するうえで、上意を尊重している姿勢をみせておくことは有益だった可能性は十分あるといえよう。

大名にとっての将軍

少々煩雑になったので、ここまでの議論を簡単にまとめておこう。

戦国時代にいたっても多くの大名たちは、将軍と良好な関係を維持していくことはさまざまな利益をえるうえで利用価値があると考えており、また実際に将軍との良好な関係は、大名たちがさまざまな利益をえるうえで有効であった。すなわち、「ライバルに後れをとりたくない」という思いのつよい大名たちにとって、彼らのあいだで社会的な「格」を示す指標として認識されていた栄典のランクは常に関心の的であり、栄典授与権をもつ将軍との良好な関係は、①栄典獲得競争の有利な展開、すなわち、ライバルの大名より少しでも高いランクの栄典を将軍からもらい受けたり、ライバルの大名が自分と同等か、より高いランクの栄典を将軍から授与されるのを阻止していくためになお必要であった。

また大名たちは、②内外の諸勢力（＝麾下の有力者や主従関係にない他大名など）から合力を得たり、③自分の正統（正当）性を裏づける根拠を調達し、また、④宿敵の大名と和平を結ぶ際の「面子を救いショックを吸収する装置」や、⑤家中の重臣同士の対立をうまく裁くツールとしても、将軍の上意は有効で利用価値あるものと判断していた。さらに、大名たちにとって将軍や大名別申次などと良好な関係を保っておくことは、⑥（豊富な人脈をもつ将軍や大名別申次などをつうじて）他大名やその造反者と交渉するきっかけをつかんだり、⑦（大名別申次を使って有利な上意をもらい受けることによって）敵の大名の策謀を封じ込めたり、⑧将軍やその周辺に集積された各地のさまざまな情報をいち早く入手したりするうえでも有効であった。

そのうえ、⑨大名家中に「権力の二分化」が現出するのを予防し、⑩ライバルを将軍の「御敵」にして苦悩させたり、⑪幕府法の助言を受けたり、⑫日明貿易の独占的運営をはかり（大内氏の場合）、⑬敵対大名を牽制し、⑭有利な上意をもらい受けたい他大名と連携する契機を入手したりするうえでも、将軍やその関係者との良好な関係は大名たちにとって有用なものであり、また、⑮周囲からの非難を防ぐうえでも、大名たちは将軍を尊重する姿勢をみせていくことは必要だと判断していた可能性がある。

戦国時代になると、多くの大名は「上の承認に基づく公権」から「下からの公権」に依拠するようになっており、したがって、もはや大名たちにとって将軍との関係は自身の存続をはかるうえで不可欠の要素ではなくなっていた。それにもかかわらず西日本を中心とした多くの大名たちが一定の範囲内で上意を尊重し、将軍とのあいだに良好な関係を保とうとしていたのは、将軍のもつ権威やソフト・パワー、大名たちの倫理観などとともに、将軍との良好な関係を保っておけば右にあげた①〜⑮のごとき利益を得られる、という期待のあったことが、その理由の少なくとも一部を成していたと考えられる。

ところで、右の①〜⑮を大きく二つに分けるとするならば、一つは他大名との「外交」問題といった対外的な問題に対処する際に将軍が利用されるケース（①・②・③・④・⑥・⑦・⑧・⑩・⑫・⑬・⑭・⑮）、いま一つは大名の家中・領国内のいわば対内問題に対処する際に将軍が利用されるケース（②・③・⑤・⑨・⑪）となり、全体的な傾向としては、対内的な問題よりも対外問題を処理する際に将軍が利用されるというケースのほうが多かったといえよう。

戦国時代の日本列島社会というと、各地の大名たちが対立しあうバラバラな分裂状態にあったというイメージがつよいが、多くの大名たちは単に対立していただけではなく、戦国時代にいたっても主として対外問題を処理する際などに将軍を利用し、いわば皆で将軍を「共用」してもいたのであり、また、互いに遠距離にあって直接交流することがない大名同士であっても、将軍を利用し、将軍を共用することによって将軍を媒介に互いに間接的に「関連」しあってもいたわけである。このことは、戦国時代の列島社会全体のイメージや、列島社会全体における将軍の位置などを考えるうえで重要な鍵になってくるのだが、その議論は本書の最終章で進めていくことにしよう。

将軍にとっての大名

さて、これまで論じてきたような戦国時代における大名たちのあり方を端的に表現するならば、それは「大名たちは将軍からなお補完を受けていた」ということになるであろう。しかし、その一方で将軍のほうも、多くの大名たちから季節ごとに礼物を受けたり、将軍御所などの造営・修理や将軍家の仏事などの際には献金を受けるなどしており、また細川京兆家や六角氏などからは京都においてその存立を直接的に支えられ、あるいは疎開先を提供されるなどして補完を受けていた。

また、多くの大名が将軍を利用していたことは、将軍にとって「将軍としての器量の存在」を内外に示す好機になったとも考えられる。そもそも中世後期社会では、将軍、大名、在地領主それぞれの地位にある者は、おのおの日本列島内、領国内、所領内における平和と秩序を維持する責任があり、それゆえ、それぞれの地位にある者はその責任をまっとうするだけの器量をもたねばならない、と考えられていたといわれる（佐藤進一『日本中世史論集』一四一頁、岩波書店、一九九〇年）。そして、このような器量を現実に保障するものはそれぞれの家臣たちの支持以外にないから、家臣の支持を得ているか否かが、その者が「器量の仁」であるか否かを示す指標になりえた。

したがって、戦国時代にいたっても多くの大名が将軍をさかんに利用し、たとえば大名たちから将軍のもとに頻繁に使者が派遣されるというシーン（戦国時代の京都を描いた上杉本『洛中洛外図屛風』には、将軍御所に多くの武士たちが参集している場面が描かれているが〈25頁の図2参照〉、そのようなシーン）が現出すればするほど、将軍が戦国時代においても多くの大名・武士たちからなお将軍として承認され支持を受けているということ、すなわち、将軍には依然として将軍としてふさわしい器量があるのだということを内外に喧伝することになったと考えられる。つまり、大名たちが将軍を利用することは、将軍にとっても自らの器量を内外に証明・誇示する絶好の機会になりえたのであり、さすればこの点でも将軍は大名たちから補完を受けていたといってよかろう。

ゆるやかな連合としての〈幕府〉

以上のように考えてくると、戦国時代の将軍と大名たちとの関係は、互いに互いを利用し、相互に補完しあう関係にあった、といえるであろう。本書ではこのような、相互に補完しあう将軍と大名たちとの総体のことを〈幕府〉（＝広義の幕府）と呼んできた。さすれば、〈幕府〉は戦国時代にいたってもなお存続していた、ということができようが、ここで再度注意すべき肝要な点は、戦国時代の大名たちは将軍から補完を受けていたものの、だからといって大名たちが将軍によってその行動を完全に規律されていたわけでは決してなかった、ということである。

大名たちは将軍を利用し、場合によってはそれは「依存」というレヴェルに近くなる場合もあった（大名たちが将軍を利用する「度合」は、大名たちが置かれていたその時々の状況によって変化する。たとえば、天文初年に尼子氏によって播磨を追われた赤松氏は、将軍を頼って帰国をはかろうとしていたが、そのような段階における赤松氏と、それ以前の赤松氏とでは、将軍を利用する度合は当然異なっていたであろう。したがって同じ大名であっても、ある時は将軍を「利用」し、ある時は将軍に「依存」するということも十分にありうる）。そして大名たちは、将軍を利用した分だけ（または利用していると大名自身が判断している分だけ）将軍の上意が出されればこれを考慮に入れざるをえなかった。

とはいえ、大名たちが将軍を利用していたのは、あくまで自分の家の保全や領国支配を円滑に遂行するためであり、したがって、大名たちが将軍をいかに利用する度合が高く、それゆえいかに上意によって制約を受ける度合が高くなったとしても、彼らが家の保全や領国支配といった「死活的利益」を犠牲にしてまで上意を遵守することはありえない。

つまり、大名たちにとっては、家の保全と領国支配の円滑な遂行こそが最も重要な目標なのであり、それゆえ、大名たちは上意を遵守し、将軍と良好な関係を保つことが家の保全をはかることに資する、と判断すれば上意を尊重したが、上意を遵守することで得られる利益よりも、上意を拒否したほうが家の保全や領国支配の円滑な遂行をはかるうえで利益が大きい、と判断すれば、大名たちは上意を軽視していないことを表明しつつも上意を拒否した。家の保全をはかるうえで必要ならば上意であっても拒否してかまわないのだ、という毛利隆元の発言（↓94頁）は、こうしたことを示しているといってよかろう。

この点からいえば、戦国時代における将軍の上意は、大名たちにとって無意味でも無力な存在であったわけでも決してなかったものの、さりとて、大名たちを完全に規律するような絶対的な存在でもまたなかったといえる。

それゆえ、相互に補完しあう将軍と大名たちとの総体としての〈幕府〉も、戦国時代のそれは、大名たちが「上の承認に基づく公権」に依拠し、それゆえに将軍のつよい統制力のもとに編成された連合であった戦国時代以前の〈幕府〉とは異なって、相互に補完しあう将軍と大名たちとの「ゆるやか」な連合といったものであったと考えるべきであろう（「下からの公権」に依拠するようになっていた戦国時代の大名たちが、将軍から補完されつつも将軍によってその挙動を完全には規律されていない状況を「ゆるやか」と表現する。なお、こうした、相互に補完しあう将軍と大名たちの「ゆるやか」な連合のことを学問上では「変質した幕府―守護体制」などと表現することもある）。

では、このような〈幕府〉は、いつ、そしてどのようにして消滅していくのであろうか。次にこの点が問題となってくるが、その検討はもう少し後の次章「将軍義昭と織田信長」のところで進めていくことにしよう。

征夷大将軍と足利氏

これまで、戦国時代の将軍と大名について論じてきたので、将軍と天皇との関係についても、ここでごく簡単に論じておくことにしよう。

「征夷大将軍」の官途はもう不要か

室町時代中期の応永三十年（一四二三）三月、足利義量《よしかず》は父の四代将軍義持《よしもち》にかわって征夷大将軍（五代将軍）に任官したが、そのわずか二年後に嗣子のないまま死去してしまった。そこで、前将軍義持が実質的にはもとより名目的にもふたたび幕府の首長の地位につくことになり、これは彼が死去するまでその後三年間にもわたってつづいた。ただし、義持は征夷大将軍に再度任官することはなく、したがって幕府では三年間にもわたって征夷大将軍の官途保持者の不在がつづくことになったが、この間に幕府が混乱したり、政治が停滞したりした形跡はない。すなわち、義持は征夷大将軍に任官しなかったものの、人びとから「室町殿」「公方様」などと称され、何の支障もなく幕府の首長として君臨していたという（伊藤喜良『足利義持』一六二〜一六六頁、吉川弘文館、二〇〇八年）。

こうした「征夷大将軍の官途保持者不在」という事態は、室町時代にしばしば現出していた。たとえば、征夷大将軍（七代将軍）義勝《よしかつ》が嘉吉三年（一四四三）に死去した後、弟の義政《よしまさ》が幼少の身で足利氏の家督を継承して幕府の首長となったが、この義政が征夷大将軍（八代将軍）の官途を獲得したのは、彼が元服する宝徳元年（一四四九）であり、したがって、実に六年間にもわたって幕府では、征夷大将軍の官途保持者不在状態がつづいていた。しかし、この間もやはり幕府が動揺したとか、その存在自体の正統性が問われたといった事態の生じた形跡はない。

一体、室町中期における幕府や足利氏にとって、もはや征夷大将軍の官途などはなくても困らなかったのであろうか。

このような疑念を抱かせる事例をもう一つあげよう。征夷大将軍に再度任官することのないまま三年間にもわたって幕府の首長でありつづけた義持が正長元年（一四二八）正月に死去すると、その弟である青蓮院門跡義円《しょうれんいんもんぜきぎえん》、後の足利義教《よしのり》が大名たちによって後継者に選ばれた。

しかし、これまで僧籍にあった義教は、俗官をもっていないうえに法体であったことから、義教の征夷大将軍任官は還俗《げんぞく》して俗官を得たうえ、頭髪が生えそろい、着冠《ちゃっかん》（元服）できるようになるまで待つ、ということになった（無官や着冠していない者の征夷大将軍任官は先例が不吉であったため）。このことを知った幕府の政治顧問ともいうべき三宝院《さんぼういん》満済《まんさい》は、着冠の時を待っていたら義教の征夷大将軍任官が来年になってしまうではないか、と懸念を示したが、有力公家の万里小路時房《までのこうじときふさ》は満済に次のように言い放っている。

「天下の人の叙用」こそが大事

たとえ官位御昇進ありといえども、天下用い申さずんば正体あるべからず。今一天下の人叙用《じょよう》の上は、官位の遅々一年を送るといえども何事あらんや（『建内記』正長元年正月十九日条）。

すなわち、たとえ「官位」（征夷大将軍をはじめとする諸官途）を獲得しても「天下」（＝日本列島）の人びとが義教を幕府の首長として認めなければ意味がない。しかし、今は

「天下」の人びとは皆義教を幕府首長として認めているのだから、官位の獲得が一年くらい遅れたとしてもそれが何の問題になろうか、というのであり、ここからも次のような考え方、すなわち、征夷大将軍の任官などといったことよりも、天下の人びとの支持を得ているか否かということが第一義的には重要なのであって、その逆ではない、といった考え方が看取されるといえよう（ちなみに、実際に義教の征夷大将軍任官はこの時から一年後、すなわち彼が着冠できるようになった正長二年三月まで延期されている）。

なお、「天下の人の叙用」こそがまずは大事なのだ、といった考え方は戦国時代においても認められる。たとえば文亀二年（一五〇二）六月、細川京兆家当主であった細川政元は、参議・右近衛権中将の官途を欲した将軍義澄に反対し、そのような官途などは無益である、そうした官途などを義澄が帯びていなくても自分は義澄を幕府の首長と認めているし、そもそもいかに官途などを獲得しても、人びとが義澄を認めず、その上意に従わなければ無意味ではないか、と述べている（『大乗院寺社雑事記』文亀二年六月十六日条）。やはりここでも、官途よりも人びとの支持こそがまず重要であるとの考え方の存在がうかがわれるといえよう。

さて、以上のような事例からは、室町中期以降になると足利氏当主が征夷大将軍の官途を保持していなくても、もはやそのこと自体が即座に大きな政治問題を引き起こすようなことにはならなかったのではないか、といった見方が導き出せるといえよう。足利氏が長きにわたって列島に代々君臨し、列島の平和と秩序を代々まっとうしつづけるにつれて、室町中期ごろになるともはや足利氏当主は、足利氏の当主として人びと（具体的には大名たち）に認められ支持されていればそれでよく、征夷大将軍やその他の官途などを保持していなくても、それだけではただちに幕府の存立そのものを揺るがすような大きな問題にはならなくなっていた、といえるかもしれない。

しかし、その一方で足利氏の歴代当主は戦国時代末の義昭にいたるまで、いずれも天皇に申し入れて征夷大将軍に任官しつづけていた。このことを考えるならば、足利氏にとって征夷大将軍への任官はやはり必要不可欠であったのではないか、とも思えてくる。一体、足利氏にとって征夷大将軍への任官は必要であったのだろうか。もし必要であったとするならば、なぜ必要であったのだろうか。

清原常宗の助言

先にも述べたように、正長元年正月に義持が死去すると、弟の義教が大名たちによって支持され、後継者に選ばれた。義教は頭髪が生えそろい着冠できるようになるまで征夷大将軍には任官できなかったが、新しい政治への意欲に燃える義教は、四月に幕府の政務開始に必要な一連の諸儀式を滞りなく済ませ、五月になると征夷大将軍への任官を待たず、来月より自らの花押（御判）を使って親政を開始しようとするにいたった。ここからも、室町中期ではもはや足利氏当主が幕府の政務を執行するにあたり、征夷大将軍の任官を必ずしも必要としなかった、ということが看取されよう。

ところが、ここで、著名な儒者たる清原《きよはら》常宗《じようそう》入道（良賢《よしかた》）から義教に異儀が出された。征夷大将軍に任官するまでは親政開始は控えるべきだ、というのである。これを聞いた義教は納得し、彼の助言に従った。一体、常宗は何を義教に述べたのであろうか。常宗の助言は次のようなものであった。

征夷大将軍以前、天下を判断すること子細無くんば、誰人も将軍にあらずといえども、権威につき成敗あるべきか。この条不言の中、恐れあり。将軍といえども天下を判断すべきにあらざること、近代の風儀なり。しかれば、将軍の謂れをもってそれ以後御判をもって御成敗の条、かたがた然るべきや（『建内記』正長元年五月十四日条）。

すなわち、征夷大将軍に任官していなくても「天下」（＝日本列島）を「判断」することに問題ない、ということになると、征夷大将軍に任官していなくても誰もが「権威」（＝

図9　六代将軍・足利義教（妙興寺所蔵）

実力）さえあれば天下を判断しうる、ということになってしまうではないか。最近では、征夷大将軍に任官している者が天下を判断しないことが多いが（義持が征夷大将軍でありながら父義満に実権を握られていた時代などを指すのだろう）、それは問題であり、義教は征夷大将軍に任官した後に親政を開始すべきなのだ――常宗はこのように義教に説いたのである。

中世史家の佐藤進一氏は、この常宗の助言を「幕府にとって天皇制の存在が不可避の要請であることを説明した注目すべき文字」であったと評価している（佐藤『日本中世史論集』二四六頁、岩波書店、一九九〇年）。どういうことなのか、以下、少し言葉を足しながら常宗の助言を解説していこう。

上述のごとく、幕府が安定期に入った室町時代の中ごろになると、もはや「征夷大将軍の官途保持者不在」であっても幕府運営に支障はなく、義持のように征夷大将軍に任官していなくても、大名たちの支持さえあれば幕府を主導することができ（征夷大将軍に任官していなくても、大名たちの支持を得られた）、しかも、それが特段に問題視されることもなかった。義教もまた征夷大将軍に任官する前に親政を開始しようとしており、まさに「征夷大将軍以前、天下を判断すること子細無」し、という状況であったといえよう。

「征夷大将軍」の官途が必要な理由

しかし、このようなことは義教、および義教の直系の子孫である足利本家にとって危険なことだ、と常宗はいう。

なぜならば、もし義教が右のようなことを放置し、その結果、「征夷大将軍に任官していなくても、大名たちから支持されて権威（＝実力）を入手しさえすれば誰もが天下を判断しうる」ということになってしまうと、たとえば同じ足利一門である野心家の鎌倉公方足利持氏《もちうじ》などが大名たちから支持されて「権威」を入手し、義教や足利本家を追い落として天下を判断しかねないからである（持氏が義教に取って代わろうとしていたことは当時周知の事実であった）。そのような事態は、義教としてはなんとしても避けねばならないであろう。では、こうしたことを予防し、足利本家だけが天下を判断できる地位を安定的かつ永続的に独占できる状況をつくりだすにはどうしたらよいのか。

そこで、常宗は次のように助言する。すなわち（天皇を掌握し、足利本家のみが常に征夷大将軍に任官しうる、という状況をつくったうえで）①「征夷大将軍に任官した者しか天下を判断しえないのだ」ということにしておく（もちろん実際はそうではないのだが）。②そして、①のようにしておくためには「征夷大将軍に任官した者しか天下を判断できない」ということを、ことさらに内外に明示しておかなくてはならないから、③義教は征夷大将軍への任官をあえて待ってから天下の判断を開始すべきなのだ、というのであり、ここに、義教を納得させた常宗の助言の肝心な部分があったといってよかろう。

危険な戦略？

室町中期では、征夷大将軍に任官していなくても、幕府の首長として天下を判断しえた。しかし、「征夷大将軍に任官していなくては天下を判断しえない」ということにしておくことによって、征夷大将軍の官途を有する足利本家は天下を判断しうる資格を有したいわば「唯一別格な存在」なのだ、という形にしておく。そうすることによって、鎌倉公方家などのライバルたちを排除し、足利本家のみが天下を判断する地位を代々安定して独占できるようにしていく。

こうした戦略が、義教をして征夷大将軍の任官まで親政を開始することを控えさせた理由の一つであった可能性は十分にあるだろう。また、このような戦略が、その後の足利本家が戦国末にいたるまで征夷大将軍の官途を求めつづけ、さらに、征夷大将軍の官途を授与する権限をもつ天皇を常に保護していた理由の一つでもあったと考えられる。まさに常宗の助言は、佐藤氏のいうように「幕府にとって天皇制の存在が不可避の要請であること」を説明した注目すべき文字」であったわけである（なお、戦国時代にいたっても大名たちが将軍から栄典、それもその大名家の当主が代々称してきた、いわばその大名家の当主の地位を象徴するような官途や守護などの称号をもらい受けていたことも、同じような戦略として説明できるかもしれない）。

しかし、たとえば「天」とか「神」といった、これを利用する者がその内容を実質的には自由に決定できる抽象的な存在ではなく、天皇という、自らの意思を具体的に発現しうる「生身の人間」を持ち出した右のごとき戦略は、実は足利本家、さらには武家政権そのものにとって重大な危険性をはらむものでもあった。

というのは、足利本家が「征夷大将軍に任官した者しか天下を判断しえない」ということにしておけばおくほど、征夷大将軍の官途を授与する権能をもつ天皇その人が、天下を判断しうる有資格者を決定できる、つまり、どの足利某を天下を判断する有資格者とするのかを選択することができる、ということになってしまうからである。それは、天皇の足利本家に対する優位、すなわち天皇の「復活」といった事態や、さらには、対立する足利一族同士がこうした天皇を争奪しあうといった事態をも引き起こしかねないであろう。

だが、実際にはその後、天皇の「復活」といったことも足利一族同士の天皇争奪戦といった事態も生じることはなかった。これはどういうことなのか。戦国時代の状況をとりあげてみよう。

「天下将軍御二人に候」

周知のように、足利本家は明応二年（一四九三）四月に発生した「明応の政変」によって二つに分裂してしまった。すなわち、この政変で失脚させられた義稙《よしたね》（十代将軍）の系統（義稙—義維《よしつな》—義栄《よしひで》）と、この政変で迎立された義澄《よしずみ》（十一代将軍）の系統（義澄—義晴《よしはる》—義輝《よしてる》—義昭《よしあき》）の二つに分裂したのであり、これ以後、この二つの足利氏のあいだではげしい抗争が繰り返されることになった。

この「二つの足利氏」のうち、一方の当主は征夷大将軍の官途を天皇から授与されたが、もう一方は授与されなかった（征夷大将軍の定員は一人）。では、征夷大将軍を授与されていないほうの足利氏当主は、当時の人びとからどのように呼称されていたのであろうか

（呼称は、その足利氏当主がどのように評価されていたかを知る手がかりの一つになりうるであろう）。

大永七年（一五二七）ごろから天文元年（一五三二）にかけての畿内では、義澄系足利氏当主である足利義晴と義稙系足利氏当主の足利義維《よしつな》とがはげしく争っており、このうち征夷大将軍の官途を入手していたのは常に義晴のほうであった。もう一方の義維は、堺（大阪府）を本拠に勢威を広げ、また、義晴と同様に寺社本所らから権利安堵や紛争調停などの訴訟を受けつけて「奉行人奉書」なども下していたが、ついに征夷大将軍の官途を一度も入手することはなかった。

ところがこの義維は、京都の寺社本所などから「堺ノ室町殿」や「堺武家」「堺之公方」「堺大樹」「堺之御所」などと呼称されていたのであった。征夷大将軍であった義晴のほうは同時期、京都の寺社本所などから「江州大樹」や「朽木《くつき》武家」「朽木御所」「東之御所」などと呼称されていたから（義晴は享禄元年〈一五二八〉以降、近江国朽木を本拠としていた）、義維は征夷大将軍の官途を有していなかったにもかかわらず、これを有していた義晴とほぼ同じような名称で寺社本所などから呼ばれていたことになるわけである。京都の祇園社執行《ぎおんしゃしぎょう》などは、義維と義晴のことを「天下将軍御二人に候」とすら称していた

〈今谷明『室町幕府解体過程の研究』第二部第四章〈岩波書店、一九八五年〉。『二水記』や『言継卿記』、『大徳寺文書』二三四三号、『祇園執行日記』天文元年七月二十八日条など）。

このように、義維も将軍義晴と同じく、京都の寺社本所らから「公方」「大樹」「御所」「武家」「将軍」などと呼称されるなど、義晴と同じかこれに準じた存在として扱われていたのであり、ここからは、京都の寺社本所らのあいだでは「征夷大将軍に任官していようといなかろうと、大名などからそれなりに支持されて一定の政治的役割を果たしうる足利某であるならば、それは公方であり室町殿であり大樹なのだ」といった考えのあったことが知られよう。

このことは、足利本家の戦略にもかかわらず、「征夷大将軍の官途を有している者は唯一別格な存在なのだ」という考え方が、戦国社会には必ずしも十分には浸透していなかったことを示唆している。もちろん、右のような考え方が戦国社会にまったくなかったというわけではおそらくないだろう。征夷大将軍に任官することは「別格」性を内外に示す要素の一つとしてそれなりに期待しうるものであった（と考えられていた）からこそ、二つの足利氏のうちどちらかは常に天皇を支え、征夷大将軍の官途を入手していたのであろう。

しかし戦国社会では、征夷大将軍の官途を得ていることよりも、「天下の人に叙用されているかどうか」が重要であってその逆ではない、という考え方が依然として優勢であり、それゆえ、二つの足利氏のどちらが征夷大将軍の官途を得たのか、すなわち、天皇が二つの足利氏のどちらに征夷大将軍の官途を授与したか、ということは、二つの足利氏を明確に区別するものでは必ずしもなく、また、両者の闘争の帰趨を決定づけるほどに重大な要素ともならなかった。その結果、二つの足利氏のあいだで征夷大将軍の授与権をもつ天皇の争奪戦が展開されることも、天皇が政治的に「復活」してくるといった事態も現出しなかったのだと考えることができよう。

天皇復活の素地？

しばしば「天皇はなぜ生き残ったのか」ということが議論されるが、天皇が存続しえた大きな理由の一つとして、歴代の武家政権がこれを保護したことをあげることには誰も異論がなかろう。室町〜戦国時代にかけて天皇が存続しえたのも、足利本家が天皇を保護しつづけていたことが大きな理由の一つであったと考えられる。ただここでむずかしいのは、なぜ武家政権が天皇を保護しつづけていたのか、という点であるが、足利本家が天皇を保護した要因のすべてではないものの少なくともその一つとして、天皇（征夷大将軍の官途）を使った、ライバルとの「別格」性の主張という戦略をこれまで論じてきた。

こうした戦略は、天皇の「復活」をもたらしかねない危険性をはらんでいたが、戦国時代では天皇の復活といった事態が顕著な形で現出することはなかった。しかし、もし後の武家政権、とりわけ、弱体化してライバルの激しい追い上げに直面していた武家政権の首長が、ライバルに対抗し、ライバルに対する自身の別格性を主張する手段の一つとして、足利本家と同じような戦略——「天皇から征夷大将軍の官途を授与された者しか天下を判断することはできない」としたうえで「自分は天皇から征夷大将軍に任じられ、天下を判断する権限（大政）を天皇から委任されているのだから、他の大名とは異なって天下を判断できる唯一別格な存在なのだ」と内外に喧伝していく、といった戦略を採用したならばどうであろうか。

その場合、やはり状況次第では天皇の「復活」という危険性に直面しなくてはならないであろう。右のような戦略を採用するかぎり、天皇がどうしてもクローズ・アップされることになり、場合によっては武家政権そのものを揺るがす恐るべき論理に変じうるからである。

戦国時代の将軍と大名

これまでの議論をまとめておこう。ここでは、なぜ多くの大名たちが戦国時代にいたっても将軍との関係を断ち切らなかったのか、という問題をできるだけ具体的な事実関係のなかから具体的に検討し、次のようなことを述べてきた。

（一）「下からの公権」に依拠するようになっていた戦国時代の大名たちにとって、将軍との関係は自らの存続をはかるうえで不可欠の条件ではなくなっていた。しかし、戦国時代にいたっても西日本を中心とする多くの大名たちは、対外的・対内的なさまざまな問題――とりわけ対外的問題を処理するうえで将軍との良好な関係は利用しうるものであると判断していたことなどから、将軍との関係を依然として断ち切らず、将軍を支え、その行動にあたっては自らの死活的利益が侵されない範囲内で上意を（将軍を利用した分だけ）考慮に入れざるをえなかった。

（二）一方、将軍のほうも、多くの大名たちから献金や礼物の進上などによって経済的な援助を受け、あるいは一部の大名たちによってその存立の重要部分を支えられたり疎開先の提供を受けたりし、また、多くの大名たちとの交流によって「将軍が将軍としてふさわしい器量をなお有している」ことを内外に顕示する絶好の機会を入手するなど、大名たちからさまざまな補完を受けていた。

（三）したがって、将軍と大名たちとは戦国時代においてもなお相互に補完しあっていたのであり、相互に補完しあう将軍と大名たちとの総体としての〈幕府〉（＝広義の幕府）は戦国時代にいたっても依然として存続していたと考えられる。ただし、「下からの公権」に依拠するようになっていた戦国時代の大名たちは、将軍の上意にその行動を完全に規律されることはなく、それゆえ、戦国時代の〈幕府〉はそれ以前とは異なって、相互に補完しあう将軍と大名たちとの「ゆるやか」な連合といった性質をもっていたといえる。

（四）室町時代の中ごろになると、足利本家が「天下の判断」を執行するうえで「征夷大将軍」の官途は必ずしも不可欠の要素というわけではなくなっていた。しかし、少なくともライバルとの差別化をはかり、自らが天下の判断をなしうる唯一別格な存在であることを内外に主張するツールの一つとして、征夷大将軍の官途やこれを授与する権能をもつ天皇の存在は足利本家にとってなお重要とされた。

さて、戦国時代における将軍と大名たちとの関係を検討してみてただちに次の問題として浮かび上がってくるのは、最後の将軍である足利義昭と織田信長はどのような関係にあったのか、ということであろう。

周知のように、戦国末に義昭と信長は上洛を果たし、以後五年にわたってこの二人は連携しあい、「二重政権」を形成していたとされている。では、この「二重政権」とはどのような構造になっており、歴史的にどのように位置づけられるべきなのであろうか。次章では、こういった問題を考察したうえで、義昭と信長が最終的には袂《たもと》を分かたざるをえなかった理由などを考えていくことにしよう。

将軍義昭と織田信長

義昭を利用する信長

バランス・オブ・パワー

戦国時代、「下からの公権」に依拠するようになった大名たちは、将軍から次第に自立傾向をつよめていった。しかし、このことは大名たちに新たな試練をもたらすことにもなった。

そもそも、戦国時代以前までは、大名は敵対大名などから攻撃を受けた場合、将軍に訴えれば問題解決の糸口を得ることが期待できた。すなわち、将軍に訴え、将軍によって敵を将軍の「御敵」に指定してもらえたならば、その大名は自力だけで敵に対処するのではなく、〈幕府〉（＝広義の幕府）に属するすべての大名たち（「二十一屋形」と俗称される二十数家の大名たち）から合力をもらい、これら大名たち全体の力によって敵を圧倒することが期待できたのである。その意味では〈幕府〉とは、大名たちにとって一種の集団安全保障システムとしての機能を担っていたといってもいいであろう。

しかし、戦国時代になって大名たちが次第に将軍から自立するようになり、〈幕府〉もまた相互に補完しあう将軍と大名たちとの「ゆるやか」な連合へと変化していくと、〈幕府〉のもつこのような集団安全保障システムとしての機能も次第に低下していった。もとより、将軍がまったく無力になったというわけではなかったが、大名たちはもはや将軍に訴えても問題解決の糸口を十二分には入手できなくなり、自らの安全保障は主として自助《セルフ・ヘルプ》だけで確保せねばならない、という状況に直面するにいたったのである。

そこで主な大名たちは、この安全保障上の新たな試練を乗り切るために（将軍との関係をなお保ちつつも）どの大名も優越的な地位を占めないように大名同士で頻繁に同盟関係を組み替えながら力のバランスを保っていく、という「バランス・オブ・パワー（勢力均衡）」を進めていった。たとえば畿内では、細川京兆家、三好、畠山、六角氏といった主要な大名たちが、同盟関係をめまぐるしく変化させながら互いに対峙し、誰が最終的な勝利者なのかよくわからないような状況がつづいた。なお、このような畿内の状況は、しばしば「混乱」とか「無秩序」などといった形で片付けられてしまうことが多いが、それよりもむしろ、バランス・オブ・パワーという大名たちの行動原理にともなう現象と理解されてしかるべきであろう。

さて、このような中で畿内に登場してきたのが、かの有名な織田信長であった。信長の一つの特徴はその旺盛な勢力拡大欲であり、上洛直後からしきりに四方に出兵して勢力の拡大につとめた。だが、このことは周辺大名たちを刺激せずにはおかない。三好三人衆・六角・朝倉・浅井・本願寺・延暦寺といった畿内近国の有力者たちは（これまでもそうであったように）信長とのあいだに力のバランスをはかるべく互いに同盟して信長を封じ込めようとし、さらに彼らだけでは信長とのバランス・オブ・パワーがはかれなくなると、武田、上杉、毛利といった各氏がたちまち反信長同盟に加わり、信長方とのあいだに激しい戦いが展開されていった（こうした激戦の背景として、信長の急激な膨張姿勢が周辺の大名たちを不安に駆り立てて反信長同盟形成に向かわせ、そのことがまた信長側を刺激し、ついに信長・反信長方双方が相互恐怖の悪循環に陥るという「安全保障のジレンマ」が生じていた可能性を指摘することができるかもしれない）。

この結果、信長という「共通の敵」に対する大名たちの同盟は列島規模にまで拡大したうえ、さらに元亀四年（天正元年、一五七三）には、これまで信長と連携していた将軍足

図10　十五代将軍・足利義昭（等持院所蔵）

図11　織田信長（長興寺所蔵）

利義昭までもが信長と対立し、信長のもとを離れて反信長同盟に参画していった。一体、なぜ義昭と信長は対立するにいたったのであろうか。この問題を考えるために、そもそもなぜ信長は義昭と連携していたのか、ということをまずは考えていこう。

正当化根拠の調達

永禄十一年（一五六八）九月、信長は義昭をともなって上洛を果たした。これ以後信長は、元亀四年に義昭と断交するまで約五年間にわたって義昭を支えつづけ、義昭の上意に一定の影響力をおよぼしうる立場にあった（もっとも後述するように、だからといって信長が義昭を傀儡化していたわけではない）。信長が上洛する際に義昭をともない、それ以後も義昭を支えつづけていたことは、信長が義昭に利用価値があると判断していたからにほかならない。では信長は、どのような分野において義昭には利用価値ありと判断していたのであろうか。

信長は上洛直後の元亀元年（一五七〇）正月、各地の大名たちに触状を送って上洛することを求めた。その際、信長は大名たちに対し、「禁中御修理」や「天下静謐《せいひつ》」に加え、「武家（＝将軍義昭）御用」のために上洛するようにと申し述べていた（奥野高広『増訂織田信長文書の研究』二一〇号）。すなわち、信長は大名たちに上洛を命じる名分として、天皇や天下静謐とともに将軍義昭を持ち出していたのである。

また、元亀元年四月から越前朝倉氏（義景）討伐を開始した信長は、この戦いについて後に毛利氏に次のように説明していた。すなわち、自分が出陣したのは悪逆をくわだてる若狭武藤氏を成敗せよとの「上意」を将軍義昭から受けたからであって、この武藤氏の背後に朝倉氏がいたことから朝倉氏を討伐するにいたったのだ、というのであり（『増訂織田信長文書の研究』二四五号）、ここでも信長が、朝倉氏討伐という自らの行為が正当であることを示す根拠の一つとして、将軍義昭の上意（武藤氏の追討令）を持ち出していたことが知られよう。

上述のごとく、戦国時代の大名たちは、自らの立場や行為が正当（正統）であることを示す根拠の一つとして将軍の上意を持ち出すことがあった（↓64頁）。これと同じように、信長もまた自らの行為の正当化根拠として将軍の上意を持ち出していたわけである。上意を利用した信長の正当性の主張が、社会的にどれほど共感をえられるものであったのかは定かではないが、少なくとも、信長が自らの行為の正当化根拠として上意は利用しうるものだと判断していた、ということは確かといえよう。

他大名と連携する契機を得る

戦国時代の六角氏（定頼）が、在京して将軍を直接的に支えることで上意に影響力をおよぼしうる立場を獲得し、この立場を利用して有利な上意をもらい受けたい大名たちにいわば恩を売り、彼らと新たに連携する契機を入手していたことも既述した（↓94頁）。では、信長の場合はどうであったのだろうか。

永禄末から元亀初年ごろ、信長は、将軍義昭に働きかけて毛利輝元に「右衛門督」の官途を認める御内書の発給に尽力し、後に毛利方からこの官途獲得は「信長御入魂之故」であるとして謝意を受けている（『大日本史料』元亀元年三月二十三日条）。ここからは信長が、毛利氏に有利な上意をもたらすことによって、毛利氏と親密な関係を構築する契機を得ていたことが知られよう。

また元亀初年ごろ、毛利氏は、敵対する四国の三好勢が「京都御宥免《ゆうめん》」（将軍義昭からの赦免）を受けたと号して味方を募り、毛利氏に攻勢をかけようとしていたことから、そうした宥免の事実のないことを示す義昭の上意が下されんことを望んだ。そこで毛利氏は信長に対し、毛利氏の要望どおりの上意が早急に義昭から下されるよう、義昭に「御助言」してくれればありがたい、と要請している（『大日本史料』元亀二年六月十二日条）。すなわち毛利氏は、信長に接近し、有利な上意が毛利氏に下されることに力を貸してほしい、と信長に求めたわけである。

このように、信長が将軍義昭を支え、将軍に一定の影響力をおよぼしうる立場にあったことは、有利な上意を将軍からもらい受けたい毛利氏と信長とをより一層結びつける契機になりうるものであった。すなわち、信長にとって将軍は、有利な上意をもらい受けたい他大名と新たに連携する契機を得るツールとして活用が期待されるものであったのであり、さすればこの点も、将軍義昭との関係には利用価値ありと信長に判断させた一因と考えることができるであろう。

和平交渉のきっかけを得る

元亀元年、信長は朝倉・浅井・六角・本願寺・三好三人衆・延暦寺といった畿内周辺における多数の反信長派に包囲され、危機的状況に直面した。そこで信長は、これら反信長派諸勢力と個別に和平を進めることで窮地を脱しようとはかり、まずは三好三人衆と一時休戦を進め、次いで六角氏と和平したうえ、元亀元年十二月には朝倉氏とも和平をとり結んだ。

なお、朝倉氏が信長と和平を結ぶことについては、同じ反信長派の延暦寺が不快感を示していたから、この信長の和平攻勢は、反信長派の団結を揺るがす効果があったといってよかろう。ちなみにこれより約二世紀半後、ナポレオンは反対派の同盟に包囲された際、「同盟国中のある一国に対して単独に平和交渉を行」うことによって「同盟国の利害の対立を激化させて同盟を分裂させ」ていった、とされているから、信長の和平戦略はナポレオンと同じような戦略と理解することができるかもしれない（高坂正堯『古典外交の成熟と崩壊』五四頁、中央公論社、一九七八年）。

ところで、この信長と朝倉氏との和平交渉に際しては、信長とも朝倉氏とも接点をもっていた将軍義昭がこれに介在していたことが知られている（周知のように、義昭は信長と出会う前に越前にあり、二年ほどのあいだ朝倉氏によって保護されていた）。すなわち義昭は、信長・朝倉氏双方に接点をもつその立場を使い、信長・朝倉両者に和平を命じることによって和平交渉のきっかけをつくったのであり、そのうえ、かねてより近しい関係にあった関白二条晴良に自身の名代として和平交渉の実務を担わせ、さらに信長とともに朝倉方に人質を提出して信長―朝倉和平の実現に尽力したのである（『大日本史料』元亀元年十二月十四日条）。

もっとも、義昭は信長―朝倉和平成立に尽力したのであるが、義昭の介在がこの和平成立の決定的要因であったと考えることはできない。なぜならば、大名たちはたとえ将軍の上意であっても、これが自らの死活的利益を侵すような場合は上意を拒否したからであり（↓101頁）、それゆえ、もし信長・朝倉氏の双方または一方が「和平は自身の死活的利益を侵すものだ」と判断し、和平には絶対反対だとの姿勢を貫けば、義昭がいかに上意を下そうとも和平は成り立ちえなかったであろう。

つまり、信長と朝倉氏とのあいだで和平が成立したのは、そもそも信長はもとより朝倉氏のほうも、もともと和平に前向きであったことが大きく作用していたと考えられるのであり（信長は、頽勢挽回の準備をすべく朝倉氏と和睦していったん本拠地岐阜に戻ることを欲し、朝倉氏も、降雪で交通が遮断される前に信長と和睦して本国越前へ一時帰国することを望んでいたと推測される)、したがって、和平成立における義昭の上意がまったく無意味であったというわけではもとよりなかったにせよ、あまり上意の影響力だけを強調しすぎることは適切ではないといえよう。

ただし、だからといって義昭の果たした役割——信長・朝倉双方に接点をもつその立場を利用し、両者の橋渡しをおこなって和平のための「交渉のきっかけ」を提供していく——を軽視してしまうこともまた正しくない。なぜならば、今日におけるさまざまな国際紛争に際して顕著に認められるごとく、対立する当事国同士がたとえ和平に前向きであったとしても、それだけではただちに両国間において和平交渉が開始されるわけではないからである。

すなわち、和平交渉が開始されるには「交渉のきっかけ」を提供する「仲介者」がなければならず、たとえ当事国同士が和平に前向きであっても、そうした「仲介者がなければ交渉のきっかけをつかめない」のである(高坂正堯『国際政治』一四五頁、中央公論社、一九六六年)。このことを考えるならば、信長・朝倉氏双方のあいだにコミュニケーションをもたらし、和平の「交渉のきっかけ」を与えた義昭の役割は(和平成立の決定的要因ではなかったにしても)やはり重要であったと評価されてしかるべきであろう。いいかえるならば、信長は、多くの大名たちと人脈をもつ義昭を擁していたことによって、義昭を動かして他大名（朝倉氏）との和平に欠かせない「交渉のきっかけ」を入手することになったのであり、さすればこの点も、信長が義昭との関係には利用価値ありと判断するにいたった原因の一つであった可能性は高いといえるであろう。

面子を救いショックを吸収する

ところで、この信長―朝倉氏との和平について、やや後に成立した軍記物である『信長公記《しんちょうこうき》』（巻三）に興味深い記事がみられる。すなわち、この信長―朝倉和平は、厳冬期が近づき越前への帰国の道が雪で閉ざされることを恐れた朝倉方のほうが将軍義昭に願い出てきたものであり、信長は朝倉氏との和平などに乗り気ではなかったものの、義昭から和平せよと「頻《しき》りに上意」が下されたので「黙止《もくし》しがたく」、やむなく和平に応じたのだ、というのである。この『信長公記』が信長側の立場に立った軍記物であることを考えるならば、当時の信長側が、朝倉氏との和平をこのような形で喧伝していた可能性は大いにあるだろう。

以前にもふれたように、戦国時代において大名と大名とが和平を結ぶ際、将軍が「面子を救いショックを吸収する装置」として利用されることがあった。大名が宿敵の大名と和平を結ぶ際、将軍に介在してもらうことによって「将軍様の上意なのでやむなく和平せざるをえなかったのだ」という形にし、これによって自身の面子を救い、宿敵との和平にともなって惹起する（ことの予想される）味方諸将の反発を回避・縮減せしめようとはかる場合があったのである（↓66頁）。

　このことを考えるならば、信長もまた朝倉氏との和平に際し、同じような手法を使っていた可能性も指摘できるであろう。すなわち、「朝倉氏との和平は信長ではなく朝倉方のほうが言い出したものであり、信長は朝倉との和平に同心していなかったのだけれども、将軍様の上意ゆえにやむなく和平にいたったのだ」という形にすることによって、宿敵朝倉氏との和平における自身の面子を救い、ショックを吸収していくのであり、もしそうであるならば、信長にとっても将軍は「面子を救いショックを吸収する装置」として利用しうる存在であった、ということができよう。

義昭を利用していた信長

　以上のように、①信長は自らの行為の正当化根拠として義昭の上意は利用しうるものだと判断しており、また、②信長にとって義昭は、有利な上意をもらい受けたい他大名に恩を売り、彼らと新たに連携する契機をもたらすものでもあった。さらに、③信長にとって義昭は、敵対大名と和平交渉を進めるうえで必要不可欠な「交渉のきっかけ」を提供し、また、④義昭の上意は敵と和平する際の「面子を救いショックを吸収する装置」として利用しうるものであった可能性も指摘できる。さすればこれらのことが、信長をして義昭を擁立させた理由の少なくともその一部をなすものであったと考えてよかろう。

しかし、このように将軍を利用していれば、信長はその代償として、将軍を利用した（と自身が考えている）分だけ将軍から制約も受けなくてはならない。すなわち、信長は義昭との関係を価値あるものとして認め、義昭を利用しようとしていたがゆえに、たとえ義昭が自分の意に反した挙動をとったとしてもこれを完全に統制することはできなかった。このことを「五ヶ条の条書」を素材に論じていこう。

信長と義昭がともに上洛を果たしてから一年半後の元亀元年正月、二人はついに対立するにいたった（なお、両者が対立せざるをえなかった要因については後に論じる）。「五ヶ条の条書」とは、このとき信長が義昭につきつけたとされる五ヶ条の要求のことであり、その内容を簡潔に述べれば以下のごとくである。

すなわち、〈第一条〉義昭が諸大名に御内書を下す際には信長の許可をとり、信長の副《そえ》状《じょう》を必ず御内書に添付せしめよ。〈第二条〉これまで義昭の上意を受けて発給された幕府奉行人奉書はすべていったんこれを棄破とし、あらためて御思案を加えて措置せられたい。

〈第三条〉義昭に忠義を尽くしている者に対する恩賞は、義昭の仰せにしたがって信長の領土から与えてもよい。〈第四条〉信長は「天下の儀」を義昭から任されているのだから、今後はいちいち義昭の許可をとらずに自由に差配させてもらう。〈第五条〉朝廷のことを重視せよ、という内容であり、これを義昭が受諾したとされることから、この「五ヶ条の条書」は、信長が義昭を「傀儡化」したことを示す根拠の一つとして以前から注目されてきた（『増訂織田信長文書の研究』二〇九号）。

しかし、この「五ヶ条の条書」に記された諸条文は、その後義昭によって遵守されていたのだろうか。この点が確かめられなくてはなるまい。

無視された条書

この五つの条文のうち、義昭の行動をもっともつよく規律する内容をふくむものは、第一条と第二条であろう。なぜならば第一条は、義昭の御内書発給行為を信長の管理下におき、義昭と大名たちとが信長の頭越しに直接接続することを妨げるものであるからであり、第二条は、義昭の上意を奉じて発給された幕府奉行人奉書を一時的にせよ無効とし、その信用性を失墜せしめるものだからである。

しかし、このうちの第一条はその後義昭によってまったく無視されてしまった。すなわち第一条は、義昭が御内書を発給する際には信長の副状を添付せよ、というものであるが、義昭はその後も信長の副状を添付することなく各地の大名たちに御内書を自由に下していたのであり、このことは、後に信長が義昭を非難した著名な「十七ヶ条の意見書」第二条において、信長の副状を添付せずに遠国の大名にまで御内書を発給している義昭の挙動を「最前之首尾相違」である、として非難していることからも確認されよう（『増訂織田信長文書の研究』三四〇号）。

では、第二条のほうはどうであろうか。義昭の上意を奉じてこれまで発給された幕府奉行人奉書はこれをいったんすべて棄破すべし、というこの第二条が実際に実行されたならば、定めし畿内各地では大混乱が惹起したことであろう。なぜならば、すでに義昭が信長とともに上洛を果たしてから一年半も経過し、その間、義昭の上意を受けて、権利安堵や紛争調停などに関する幕府奉行人奉書が畿内各地の寺社本所などを中心に多数発給されていたからである。しかし、現存する史料や諸記録をみるかぎり、「五ヶ条の条書」以後にそのような混乱の惹起した形跡はまったく認められないのであり、さすれば、第二条もまた実行されなかった可能性が高いと判断して差支えないといえよう。

このように、これまで信長による義昭傀儡化を示す好個の事例とされてきた「五ヶ条の条書」のうち、第一条はその後義昭によって遵守されず、また第二条も実行されなかった可能性が高いと考えられるのであり、さすれば「五ヶ条の条書」を信長による義昭の傀儡化を示す事例とは評価することはできず、この条書が実際に義昭につきつけられたとしても、これは信長の義昭に対する恫喝、および今後の自主的活動の通告（第四条より）といった意味しかもたなかったと理解すべきではないかと思われる。信長は義昭には利用価値ありと判断し、義昭を擁立して上洛し、義昭を支えつづけたが、このように将軍を利用しようとすれば（かつて同じような立場にあった細川京兆家や大内氏、六角氏、三好氏などがそうであったように）その代償として将軍の意思を空無化し、将軍を完全に傀儡化することなどは困難だったのである。

もっとも、だからといって義昭が信長に対し、一方的につよい立場にあったなどというわけでは決してない。信長が義昭をさまざまな点で利用していたように、義昭もまたさまざまな分野において信長を頼っていたからである。では、義昭はどのような点で信長を頼っていたのか。また、なぜ義昭と信長とは対立するにいたったのであろうか。次にこれらの点を論じていくことにしよう。

義昭・信長「二重政権」の構造と淵源

まずは、上洛後における義昭の軍事力、洛中警察力、および上意の実効性という三つの側面から、義昭の独自基盤などを整理するとともに上洛後の義昭がどのような点で信長を頼っていたのか、ということについて述べていこう。

義昭の軍事・洛中警察力

まず義昭の軍事力をとりあげよう。以前にもふれたように、室町時代より将軍のもとには将軍直臣（奉公衆）を中核とした、千〜二千程度の直属軍が置かれていた（↓12頁）。こうした直属軍は、上洛以降の義昭のもとにもほぼ同程度の規模で編成されていたが（『言継卿記』元亀元年八月三十日条など）、この程度の軍事力では三好三人衆ら敵対勢力とは対抗できない。そこで、有事の際には義昭の直属軍と信長軍とが連携し、共同して（実質的には信長軍が主体となって）事変に対処するということになっていた。

たとえば永禄十一年（一五六八）十月には、将軍直臣である細川藤孝・和田惟政《これまさ》の「公方方ノ両大将」とともに「織田尾張守（＝信長）方大将」である佐久間信盛が二万を率いて奈良に出陣している（『多聞院日記』同月十日条）。また、元亀元年（一五七〇）八月には「信長・畠山・三好・松永・遊佐・奉公衆以下」の二〜三万が三好三人衆を攻めるべく出陣し（『言継卿記』同月二十八日条）、元亀三年（一五七二）四月の河内平定戦の際にも「のぶなか人衆・諸公の物（＝将軍直臣衆）ども」が合同してこれにあたっている（『御湯殿上日記』同月十六日条など）。つまり、義昭は直属軍事力を有してはいたものの、軍事面では信長から補完を受けていたわけである。

では、義昭の洛中警察力はどうであろうか。そもそも、将軍の膝下たる洛中の警察は幕府の侍所がこれを担当することになっており、戦国時代にいたっても、やはり侍所が将軍直臣たる幕府奉行衆から選任された侍所開闔《かいこう》を中心にさまざまな洛中の警察業務を担っていた（→13・34頁）。こうしたことは義昭の上洛以降も基本的に変化はなく、開闔を中心に侍所がさまざまな洛中警察機能を担っていた事例をいくつか検出することができる（『言

継卿記』永禄十二年五月七日、元亀元年十月十五日条など)。

ただし、侍所だけでは一揆などの大規模な事変には十分対処できなかったことから、しばしば信長方も洛中警察機能を担った。たとえば元亀元年十二月、洛中において一揆が蜂起した際には、信長の部将である木下秀吉と菅屋長頼《すがやながより》がその鎮定にあたっており(『言継卿記』同月四日条)、この直後洛中一条で失火事件が発生した際にも、秀吉が町衆を呼びつけ、その糺明にあたっている(同記元亀元年十二月八日条)。こうした点をみれば、義昭は洛中警察機能の分野でも信長方の補完を受けていたといってよかろう。

上意の実効性

義昭・信長上洛以降、将軍義昭のもとには京都やその周辺で発生した多くの訴訟が寺社本所などから持ちこまれており、義昭はこれを裁判して紛争調停や権利安堵の上意を「幕府奉行人奉書」の形で寺社本所などに下していた。

ただし、畿内最大の軍事的実力者は信長であったことから、寺社本所らは義昭から幕府奉行人奉書をもらい受けると、これを信長に見せて同意してもらい、信長から「御下知(=幕府奉行人奉書)の旨に任《まか》せて…」といった、上意を追認するとの旨の記された信長朱印状(=信長の朱印が押された文書)をもらい受けることがあった。実力者である信長の同意も得ておけば、上意の実効性がより十全に発揮されることが期待できたのであり、さすれば上意の実効性もまた信長に補完されることがあったといってよかろう。

なお一つ付言しておくと、寺社本所らは、義昭のもとばかりではなく、信長のもとに直接訴訟を持ちこんで権利の安堵などを依頼し、信長朱印状の交付を求めることもあった。以前にもふれたように、中世社会では将軍があらゆる裁判権を一元的に独占していたわけではなく、大名や朝廷、荘園領主、在地領主、惣村にいたるまでがそれぞれ独自に裁判を実施することが可能であったから（↓81頁）、信長も畿内において将軍とは別個に裁判を遂行しえたのである（訴訟をかかえる者は、これら多くの裁判所のうち自分にとって最も適当と判断されるところに訴訟を提起できた）。ちなみに、信長のもとには相当数の訴訟が提起されていたようであり、訴訟人が殺到して混乱が生ずるほどであったという（『言継卿記』永禄十二年四月十五日条）。

ただし、寺社本所などは、将軍義昭のもとにも多くの訴訟を持ちこんで解決を依頼し、幕府奉行人奉書の発給を求めていたから、信長の存在によって義昭の裁判機能がいわば「有名無実」化し、訴訟処理が信長に一元化されてしまった、などということでは決してない。寺社本所らは信長朱印状だけでなく、義昭の発給する幕府奉行人奉書も求めていたのである。信長は実力者であったとはいえ、多くの敵に囲まれてその立場はきわめて不安定であり、いつ没落しても不思議でない存在でもあった。そこで寺社本所らは、信長が没落すれば一片の紙片になりかねない信長朱印状だけではなく、これまで二百年以上にもわたってともかくも存続してきた将軍（義昭）の発給した幕府奉行人奉書も、権利保障文書として依然として重視し、これを求めておこうと判断していたのであろう。

相互に補完しあう義昭と信長

以上のように、上洛後の義昭は、戦国期歴代将軍とほぼ同程度の直属軍を保有してはいたものの軍事面で信長から補完を受けており、また、侍所（開闔）を使って洛中警察を担っていたが、やはりこの分野でも信長方から補完されていた。さらに、義昭は洛中洛外の寺社本所などから多くの訴訟処理を依頼され、幕府奉行人奉書によって上意を下していたが、上意の実効性もまた信長によって補完されることがあった。

つまり、上洛後の義昭は、それなりに独自の基盤をもち、信長の傀儡となることなく独自に裁判なども遂行しえたものの、軍事や洛中警察、上意の実効性といったその存立の重要部分において信長から補完を受けていたわけであり、したがって、上洛後の義昭を何の力もない単なる装飾などと評価することはもとより誤りではあるが、さりとて義昭の立場をあまり強調しすぎることも正しくないといえよう。

信長にとって義昭は、正当化根拠の調達や他大名との外交関係の緊密化、敵対大名との和平交渉などにおいて利用しうる存在であり、それゆえ信長は義昭を支え、また義昭を傀儡化することはできなかった。しかし、義昭のほうもその存立の重要部分を信長によって支えられていたのであり、さすれば義昭と信長との関係は、どちらか一方が他方より圧倒的に優位にあったというのでは決してなく、「相互に補完しあう関係にあった」という言い方がもっとも適切といえよう。義昭と信長との連立はしばしば「二重政権」などと称されているが、このような両者の相互補完関係こそが、この「二重政権」の基本的な構造であった。

では、なぜこのように相互に補完しあっていた義昭と信長が、その後に対立するにいたったのであろうか。この問題は、これまで本書において論じてきた将軍存立の仕組と深く関わっている。そこで、これまでの復習という意味もこめて、義昭が父祖たちから引きついだ将軍存立の仕組とは一体いかなるものであったのか、という点をいま一度確認していくことにしよう。

将軍存立の仕組とは

そもそも、将軍や将軍を首長とする幕府（＝狭義の幕府）は、それ自体単独では存立しえない仕組にもともとなっていた。すなわち、将軍はすでに戦国時代以前より、軍事や洛中警察、上意の実効性といったその存立の重要部分を多くの大名たち――「二十一屋形」と称される二十数家の大名たちに補完されなければならない、という仕組になっていたのであり、いわば将軍存立のあらゆる仕組は「大名たちに補完される」ということに基づいて構築されていたといえよう。

ただし、大名たちもまた戦国期以前では「上の承認に基づく公権」に依拠しつつそれぞれの領域支配を進めていたから、大名たちのほうもまた将軍から補完を受けていた。つまり、将軍と大名たちとは相互に補完しあう関係、すなわち「二重」構造にあったのであり、このような相互補完関係に基づく将軍と大名たちとの総体こそが〈幕府〉（＝広義の幕府）であった（↓20頁）。

さて、以上のような将軍と大名たちとの相互補完の関係は、戦国時代においても基本的には維持されていたと考えられる。

すなわち、戦国時代になると「上の承認に基づく公権」から「下からの公権」に依拠しつつ領域支配を進めるようになってきた各地の大名たちは、もはや将軍との関係が途絶したとしても、それだけでは大名としての立場がただちに崩壊することはなかった。しかし、多くの大名たちは依然として将軍との関係を断ち切らず、すでに詳しく論じてきたように、大名間外交などにおいて将軍を利用しようとし、そしてその結果として、たとえば上意を受けて献金に応じるなど、将軍を利用した分だけ将軍から制約を受け、将軍を支えていった。こうしたことを考えるならば、相互に補完しあう将軍と大名たちとの総体としての〈幕府〉は、戦国時代にいたっても〈将軍と大名たちとの「ゆるやか」な連合になったものの〉なお存続していた、といってよかろう。

ただし、戦国時代における将軍の軍事、洛中警察、上意の実効性をより多大かつ直接的に支えていたのは、畿内に基盤をもち、在京することも多かった細川京兆家であった。すなわち、かつて「二十一屋形」と称される複数の在京大名たちに支えられていた将軍は、戦国時代になると細川京兆家に支えられる割合を相対的に増大させていったのであり、その結果として「京兆家が動揺すると将軍もまた動揺せざるをえない」といった事態が懸念されることになった。

そこで、戦国時代の歴代将軍たちは、京兆家に過度に支えられることからくる右のような危険性の分散をはかるべく、将軍が京兆家以外の複数の在京大名によっても支えられる、という体制の再構築を目指した。戦国時代の歴代将軍が、京兆家以外の大名たちにしばしば上洛を求めていたことはよく知られているが、このような将軍の挙動は「危険性の分散」という安全保障上の必要に一因するものであったと考えてよかろう（↓36頁）。

「二重政権」と〈幕府〉

およそ以上のようなものが、義昭が父祖たちから引きついだ将軍存立の仕組であった。さすればここからは、義昭と信長との関係をめぐって次のような三つの点が導き出されるであろう。

第一は、上洛後の義昭が軍事、洛中警察、上意の実効性といったその存立の重要部分を信長に支えられ、信長との相互補完関係――「二重政権」を形成していたのは、決して義昭の時期だけにみられた特異な現象というわけではない、という点である。将軍と大名とが相互に補完しあうというこのような「二重政権」構造は、義昭以前の歴代将軍においても一般的にみられたのであり、そもそも将軍とはもともと、いずれかの大名とペアーにならなくては（つまり「二重」構造を形成しなくては）十分に完結した政治権力体として成り立ちえない、という仕組をもつ存在であった。したがって、義昭と信長のいわゆる「二重政権」は（しばしば革新性といったことが強調されるが）前代からの連続性という面にもっと注目すべきであるといえよう。

第二は、相互に補完しあう将軍と大名との総体を〈幕府〉とするならば、上洛後の信長は、義昭とともにそうした〈幕府〉を形成していたと評価される、という点である。

周知のように、信長は上洛後も管領などには就任せず、義昭の裁判にも恒常的かつ直接的に関与した形跡もみられないなど、戦国時代の細川京兆家などと同様に幕府（＝狭義の幕府）に直接的には参画しなかった。こうしたことから、上洛後の信長についてはしばしば「信長は幕府の機構内に入らず、独立した立場をとった」などと評価されることが多い。ここでいう「幕府」が、狭義と広義の二つの幕府のいずれを指しているのか定かでないが、もし狭義の幕府のほうを指しているとするならば、信長が「幕府の機構内に入らず、独立した立場にあった」という評価は正しいといえよう。

しかし、信長は義昭と相互に補完しあってもいたのであり、さすればそこに、相互に補完しあう将軍と大名との総体としての〈幕府〉（＝広義の幕府）の形成をみることもできる。つまり、「信長は幕府には参画していなかったが、義昭とともに〈幕府〉を構成していた」というわけである。

対立の要因

第三は、戦国期における歴代将軍が採用していた「危険性の分散」という基本政策が、義昭と信長とのあいだに対立を引き起こした要因の一つになっていたのではないか、という点である。

そもそも、戦国時代の歴代将軍は「危険性の分散」をはかるため、将軍が特定の大名に過度に支えられるのではなく、幅広い複数の在京大名たちに支えられる、という体制の再構築を目指した。さすれば義昭も、またこれら歴代将軍と同じ存立の仕組を継承している以上、彼の父祖たちと同様に、信長にその存立の重要部分を過度に支えられることからくる危険性（＝信長が没落すれば義昭も没落せざるをえない）を分散すべく、信長以外の複数の大名たちとも積極的に交誼《こうぎ》を結ぶ必要性に迫られていたことは十分考えられよう。義昭が上洛直後から武田信玄や上杉謙信といった信長以外の多くの大名たちに御内書を下し、さかんに交誼を結ぼうとしていたことはよく知られているが、これはまさに「危険性の分散」を企図するものであったと判断される。

しかし、信長のほうは、義昭が信長以外の大名たちと信長の「頭越し」に交誼を結ぶことを許さなかった。

信長が、自分の頭越しに御内書を使って各地の大名たちと連絡を取りあおうとする義昭にはげしく怒っていたことは、彼が義昭につきつけた「五ヶ条の条書」の冒頭の第一条において、諸大名に対する義昭の御内書発給を信長の統制下に置くような要求をしていたこと、また、やはり信長が義昭に突きつけた「十七ヶ条の意見書」第二条において、この要求を無視する義昭を信長が非難していたことなどから十分に知られよう。信長は、義昭を自分だけの手中に置き、いわば「上意の独占」を果たしえてはじめて義昭を最大限に利用することができたから、ライバルである武田信玄や上杉謙信などが信長の頭越しに義昭と連携することは、信長にとって到底認めがたいことであった。

だが、義昭のほうとしても、信長一人にあまり過度に支えられることは、信長がもし没落すれば自分もまた没落することになるのであるから極めて不都合であった（しかも、信長には敵が多く、したがって信長がいつ没落しても不思議でない状況にあった）。すなわち、義昭としても彼の父祖たちがそうであったように、信長以外の幅広い大名たちと積極的に連携していくことは自身の安全保障上どうしても必要なことだったのであり、信長の反発があったからといって、この点では妥協も譲歩の余地もなかったにちがいない。

つまり、義昭は信長以外の大名とも連携することによって「危険性の分散」をはかろうとし、信長のほうは義昭のこうした動きを止めることで「上意の独占」をはかろうとしていたわけであり、さすればここに、義昭と信長とが結局は対立するにいたった一因を求めることができよう。この二人は相手への個人的な感情が良好であろうとなかろうと、いずれは対立せざるをえない関係にあった、といってもいいかもしれない。

存続した〈幕府〉

さて、義昭と対立するようになった信長は次のような二者択一、すなわち、義昭の挙動に手を焼きながらも今後も義昭との関係を保ちつづけてこれを利用していくべきか、それとも、義昭を利用することは断念し、その関係を清算して新たな道を進むべきなのか、の二者択一に迫られることになった。そして元亀四年(天正元年、一五七三)七月、ついに信長は義昭との断交を決断し、義昭を京都から追放するのである。

ところで、この義昭の追放は一般に「室町幕府の滅亡」を示すものとして理解されているが、相互に補完しあう将軍と大名たちとの総体としての〈幕府〉(＝広義の幕府)が、この時点でまったく消滅してしまったと考えるのは正しくない。なぜならば、京都を追放された義昭は、その後逼塞したのでも死亡してしまったのでもなく、毛利氏(輝元)に迎えられ、毛利氏をはじめとする「信長包囲網」に加わることになったからである。

毛利氏は、将軍義昭を迎えたことによって大名たちのあいだで一躍有名になり、これまで交際のなかった遠国の大名たちにまで書状をもらうようになるなど、幅広い反信長大名たちと連携する契機を獲得するようになった(『毛利家文書』八三八号)。一方、義昭も毛利氏に給養されるようになったことで、鞆《とも》（広島県）を本拠にその後も政治活動をつづけることが可能となるとともに、毛利氏をはじめとする反信長派大名たちと関係を結ぶことによって、自らが将軍としての「器量」をなお有していることを内外に示す機会を入手することになった。

つまり、義昭と毛利氏は相互に補完しあう関係にあったのであり、したがって、相互に補完しあう将軍と大名たちとの総体である〈幕府〉は、元亀四年以後も義昭と毛利氏（ら反信長派大名たち）との相互補完という形でなお存続していたと考えることができよう。こうした、相互に補完しあう義昭と毛利氏ら反信長派大名たちとの総体＝〈幕府〉こそが、元亀四年以降の「信長包囲網」であった。

もっとも、この信長包囲網は、最終的には信長とのあいだにパワー・バランスをうちたてることはできなかった。その理由をここで本格的に論述する余裕はないが、信長包囲網の問題点をいくつか簡単にあげておくことにしよう。

信長包囲網の問題点

元亀三年（一五七二）、当時信長包囲網の一角を占めていた甲斐の武田信玄は、越前の朝倉氏（義景）、江北の浅井氏（長政）と共同で信長を東西から挟撃すべく出陣し、十二月には信長の同盟者たる徳川氏（家康）を遠江三方ケ原《みかたがはら》で撃破した。ところがこの直前、信長からの直接的な脅威が去ったと判断した朝倉勢が突如越前に帰国してしまい、これによって信玄の目論んだ東西挟撃作戦は頓挫してしまった。朝倉勢の撤退を知った信玄は、信長を滅ぼす絶好の機会を逸したと激怒し、朝倉氏に「この節、信長滅亡の時刻到来し候ところ、ただ今寛宥の御備え、労して功無く候か」と怒りをぶつけている（『戦国遺文』武田氏編、二〇〇七号）。しかし、信玄がいかに怒ろうとも彼には朝倉軍に対する指揮権はなく、切歯扼腕するほかなかった。

この事例は、信長包囲網がかかえていた問題点の一つを示しているといえよう。そもそも、国際政治学者のF・L・シューマンが指摘しているように「共通の敵に対する憎悪感ほど早く集団を団結させる感情は他にない」（『国際政治』三一八頁、東京大学出版会、一九七三年）。しかし、この団結を維持しつづけたうえ、より効果的に共通の敵に対処する、ということは現実には容易なことではない。

一般に、信長包囲網のような、一種の集団防衛的な同盟体制が有効に機能するためには、包囲網を構成する大名たちのあいだで次のようなコンセンサス、すなわち、「同盟するいずれかの大名に対する攻撃は同盟全体に対する攻撃だ」としたうえ、ある同盟大名に対する攻撃が起きたならば、すべての同盟する大名たちが一致して協力しあい、圧倒的軍事力によってすみやかに「共通の敵」（信長）に対して制裁を加えていこう、というコンセンサスがなくてはならない。「軍事的連合の有効性は、その加盟国が達成されるべき主要目的について合意し、外交的に互いに助け合い、応援義務発生事由が生じた場合には加盟国が実際にコミットメントを履行することを信じている度合によって決まる」（K・J・ホルスティ『国際政治の理論』一五四頁、勁草書房、一九七二年）のである。

しかし、信長包囲網を構成する大名たちのあいだでは、信長を「共通の敵」とする点では一致していたものの、自分に対する直接的な脅威が去ったと判断して勝手に戦線離脱してしまった朝倉氏の挙動に象徴されるように、こうしたコンセンサスは十分には形成されていなかったように思われる。もっとも、これは当然といえるかもしれない。大名たちにとって最も重要であったのは、あくまでも自分たちの家の存続と領国支配の円滑な遂行であり（これらに資すると判断したからこそ信長包囲網に加わっている）、これら死活的利益を犠牲にしてまで信長包囲網に協力しなくてはならない理由は大名たちにはなかったからである。

また、信長包囲網を構成する大名たちは、それぞれが自立し、相互に対等な「独立国家の王」とでもいうべき存在であった。したがって、各々の大名軍の指揮権は、あくまでも各々の大名が個別に有していたのであり、信玄が朝倉勢を動かせなかったように、いかなる大名も他大名に対して強制的に一つの作戦に従事させることはできなかった。

つまり、信長包囲網には、大名たちの上に立って全体を統括・服従せしめるような上級指揮権を行使しうる者が不在であったわけであり、こうした上級指揮権は、元亀四年以降に信長包囲網に参画することになった将軍義昭も十分には持ちえなかったと考えられる。なぜならば、大名たちはすでに「下からの公権」に依拠するようになっており（したがって、たとえ将軍と対立し、将軍と断交したとしても、それだけでは大名としての立場がただちに崩壊するわけではない）、それゆえ、義昭といえどもそうした大名たちに、彼らの死活的利益を脅かすような命令を強制させることまではできなかったからである（↓101頁）。

さらに、このようなコンセンサスや指揮権の問題に加え、コミュニケーションの問題も信長包囲網の問題点としてあげることができるかもしれない。そもそも、信長包囲網を効果的に機能させるには、包囲網を構成する大名同士が緊密に連絡を取りあう必要があったが、通信技術の未発達な戦国時代では、遠方の大名同士で円滑に通信を保つことはきわめて困難であった（↓77頁）。しかも、信長包囲網が列島規模にまで拡大し、包囲網を構成する大名同士の距離はますます遠くなっていったから、反信長派の大名たちが（列島中央部を信長に占拠されている状況下で）相互に緊密なコミュニケーションを保つことは容易なことではなかったと考えられよう。

〈幕府〉の滅亡

信長包囲網は、地図上では信長を包囲した形になっているものの、右にあげたいくつかの問題をかかえていたこともあってその能力を十全に発揮できなかった。この結果、反信長派大名たちは各個に撃破され、バンドワゴン（勝ち馬に乗る）現象も生じて信長包囲網は急速に解体していく。こうした事態を受けて、毛利氏のもとにあった将軍義昭も次第に孤立するようになり、天正十五年末には信長の後継者たる豊臣秀吉のいる大坂に参礼し、ついに秀吉に臣従するにいたった。奈良の一僧侶はこのことを「去る十日ごろか、大坂において公方様（＝義昭）、関白（＝秀吉）へ御礼これありと云々」と伝えている（『多聞院日記』天正十五年十二月二十二日条）。

ここにいたり、義昭は豊臣氏を中心とする体制に完全に包摂されてその一大名に成り果てたのであり、義昭と大名たちとが相互に補完しあう関係もまったく消滅した。すなわち、相互に補完しあう将軍と大名たちとの総体としての〈幕府〉は、ここにいたって名実ともに完全に滅亡したのであり、さすれば「室町幕府の滅亡」の年としては、義昭が大坂の秀吉のもとに参礼した天正十五年こそふさわしい、といってよかろう。

これまでの議論をまとめておこう。ここでは、足利義昭と織田信長のいわゆる「二重政権」をめぐって次のようなことを述べてきた。

将軍義昭と信長

（一）上洛後の将軍義昭は、軍事・洛中警察・上意の実効性といったその存立の重要部分を信長に補完されていたが、信長のほうもまた自身の挙動の正当化根拠や他大名との連携の契機、和平交渉のきっかけや面子を救いショックを吸収する名分などを入手するうえで将軍義昭を必要としていた。つまり、これまでの歴代将軍と大名たちが相互に補完しあう「二重」構造にあったのと同じように、義昭と信長もまた相互に補完しあう「二重」構造になっていたのであり、それゆえにどちらも相手の行動を完全に束縛することはできなかった。

（二）将軍義昭は父祖たちから継承した将軍存立の仕組ゆえに、父祖たちと同じように「危険性の分散」をはかるためにできるだけ幅広い大名たちに将軍が支えられるという体制の構築を目指さざるをえなかった。だが、このことは「上意の独占」をはかりたい信長との対立を生み出すことになり、ついに二人が袂《たもと》を分かつことになる大きな要因の一つになっていったと考えられる。

（三）　元亀四年に義昭は信長と断交したが、今度は毛利氏をはじめとする反信長派の大名たち（信長包囲網）に迎立されており、したがって、相互に補完しあう将軍と大名たちとの総体を〈幕府〉とするならば、〈幕府〉は元亀四年以降もなお存続していたと理解される。

さて、これまで本書では戦国期将軍のあり方を、将軍と大名との相互補完関係を中心に検討し、戦国時代にいたっても将軍は多くの大名たちによって対大名外交などの分野において利用され、共用されていたことなどを論じてきた。では、こうした戦国時代の将軍は、この時代の日本列島社会全体の中でどのように位置づけられるべきなのであろうか。

この問題を考えるには、戦国期列島社会の全体像がまずは明らかにされなくてはならない。しかし、戦国史研究が細分化されたテーマごとに個別に深化してきたこともあって（この傾向は今日ますます顕著になっている）、戦国期列島全体をいわばトータルな形でどうイメージしていくのか、といった大きな議論はこれまであまり進められてこなかった。もとより研究が細分化し、緻密になるということ自体は必ずしも悪いことではないが、部分に注視するあまり全体を見る視点を失ってはやはり問題といわざるをえないであろう。「木を見て森を見ず」に陥ることなく、木だけではなく森全体をどう見ていくのか、すなわち、戦国時代の日本列島社会を全体としてどうイメージしていくのか、ということが論じられなければなるまい。

とはいえ、列島社会の全体像をイメージする、といっても、何の手がかりもヒントもなくてはそれは至難といわざるをえない。そこで、少し歴史学から離れ、国際政治学にここでは注目してみたい。国際政治学とは端的にいえば世界をどのようにイメージしていくかを考える学問領域であり、さすれば、国際政治学が世界全体をイメージする方法や理論は、われわれが戦国時代の列島社会全体をイメージする際、有効な手がかりを与えてくれるであろう。

こうしたことから次章では、国際政治学のさまざまな理論を手がかりにしながら戦国時代の列島社会は全体としてどうイメージしうるのか、という点についてまずは考えていくことにしよう。そしてそのうえで、戦国時代の列島社会全体において将軍というのはどこに位置づけられ、列島社会のいかなる側面を生み出す存在であったと考えられるのか、そして、そもそも戦国時代の将軍研究にはどのような意義があるのか、といった点を論じていこう。

〈天下〉の次元の三和音《トライアド》

〈天下〉の次元と〈国〉の次元

〈天下〉の次元とは？

われわれは日本という国家に住み、生活している。世界には、この日本以外にもアメリカ、中国、韓国、ロシア……といった、対内的にも対外的にも「自分に優越する何ものをも認めず、またそれを超えるいかなる法廷も存在しない至高の権威」（J・フランケル『国際関係論』三二頁、東京大学出版会、一九八〇年）をもつ政府を頂点とした国家（主権国家）が百九十ほども存在し、その国家内では政府によって秩序が維持され、さまざまな人びとが生活を営んでいる。このような国家内レヴェルのことは一般に「国内社会」と呼ばれているが、世界には、この国内社会という次元だけしかないわけではなく、もう一つ、「国際社会」という次元、すなわち、多くの国家（の政府）が互いに国益をめざして戦争や外交、貿易などを展開しあっている次元も存在している。つまり世界は、国内社会と国際社会というこの二つの次元によって成り立っているわけである。

さすれば、このような「二つの次元」という考え方を、戦国時代の日本列島を考える際にも援用することはできないであろうか。つまり、世界が国内社会と国際社会という二つの次元に分けられるのと同じように、戦国時代の日本列島もこれを一つの「世界」と見立てることによって、そこに同じような国際社会と国内社会のごとき二つの次元を想定していくのである。では、戦国時代の日本列島という「世界」において「国内社会」に相当する次元とは何であろうか。

今日の世界に、対内的にも対外的にも「自分に優越する何ものをも認めず、またそれを超えるいかなる法廷も存在しない至高の権威」をもつ政府を頂点とした国家がさまざまに存在しているのと同じように、戦国時代の日本列島においても、対内的・対外的に「前代のあらゆる公権力の権力の効力を断ちきって、自己を最高とする大名の一元的支配権を確立」（→42頁）することをめざす大名を頂点とした、今日の国家に比するようなそれなりに凝集性の高い大名領国が大小さまざまに存在していた（もちろん戦国時代の大名領国には、今日の国家のように、一つの主権に服する単一の空間がそこに広がっていたわけではなく、多くの大名たちは対外的にはともかく対内的〈＝領国内〉には主権者というよりも「同輩者中の第一人者〈プリムス・インテル・パーレス〉」といったほうが実態に近かったが）。そして、それぞれの大名領国内にはさまざまな人びとの生活の営みがあったのであり、さすれば、このような大名領国内社会という次元――以下、これを〈国〉の次元と称しておこう――を日本列島における「国内社会」に相当する次元と考えることは不可能ではないであろう。

では、戦国時代の日本列島という「世界」において「国際社会」に相当する次元とは何であろうか。今日の世界が、国内社会とともに国際社会の次元によって成り立っているように、戦国期の日本列島という「世界」内にも、〈国〉の次元だけではなく、それとは別の、国際社会に相当する次元を想定してもよかろう。それは、今日の国際社会と同じように、多くの大名たちが互いに戦ったり外交などを展開しあっている次元のことであり、こうした次元――日本列島という小さな「世界」における小さな「国際社会」とでもいうべき次元のことを、ここでは仮に〈天下〉の次元とでも呼んでおくことにしよう（なお、ここでの〈天下〉という言葉はあくまで議論の便宜上使った言葉であり、史料用語としての「天下」とは〈たとえ史料用語としての「天下」という言葉に、日本列島という小さな「世界」における小さな「国際社会」というような意味がふくまれていたとしても〉さしあたって別個のものとして理解していただきたい）。

将軍の主たる活動域

さて、世界が国際社会と国内社会という二つの次元に分けられるのと同じように、戦国時代の日本列島も〈天下〉と〈国〉という二つの次元に分けられるのではないか、と考えてきたわけだが、このように〈天下〉の次元なるものをここでわざわざ想定してきたのは、戦国時代における将軍の主たる活動域（＝将軍が大名たちなどから必要とされる分野が生じる範囲）がこの〈天下〉であったからにほかならない。このことは、今日の国連と対比して考えてみるとわかりやすいかもしれない。

そもそも、国連の主たる活動域は国内社会のほうではない。たとえば、今日の日本国内では、財政赤字や治安悪化・年金問題などさまざまな問題が発生しているが、これらの問題を国連が日本政府を無視して直接的に処理することは原則としてありえない。国家財政や治安といった国内社会の次元において発生する諸問題は、あくまでそれぞれの国家（の政府）が第一義的にはその処理を担うものであり、国連がこうした問題の処理に（国家の頭越しに）直接的に関与することはないし、そのような権限もない。

では、国連はどこで活動しているのか。国連が諸国家からさまざまな外交問題を処理す

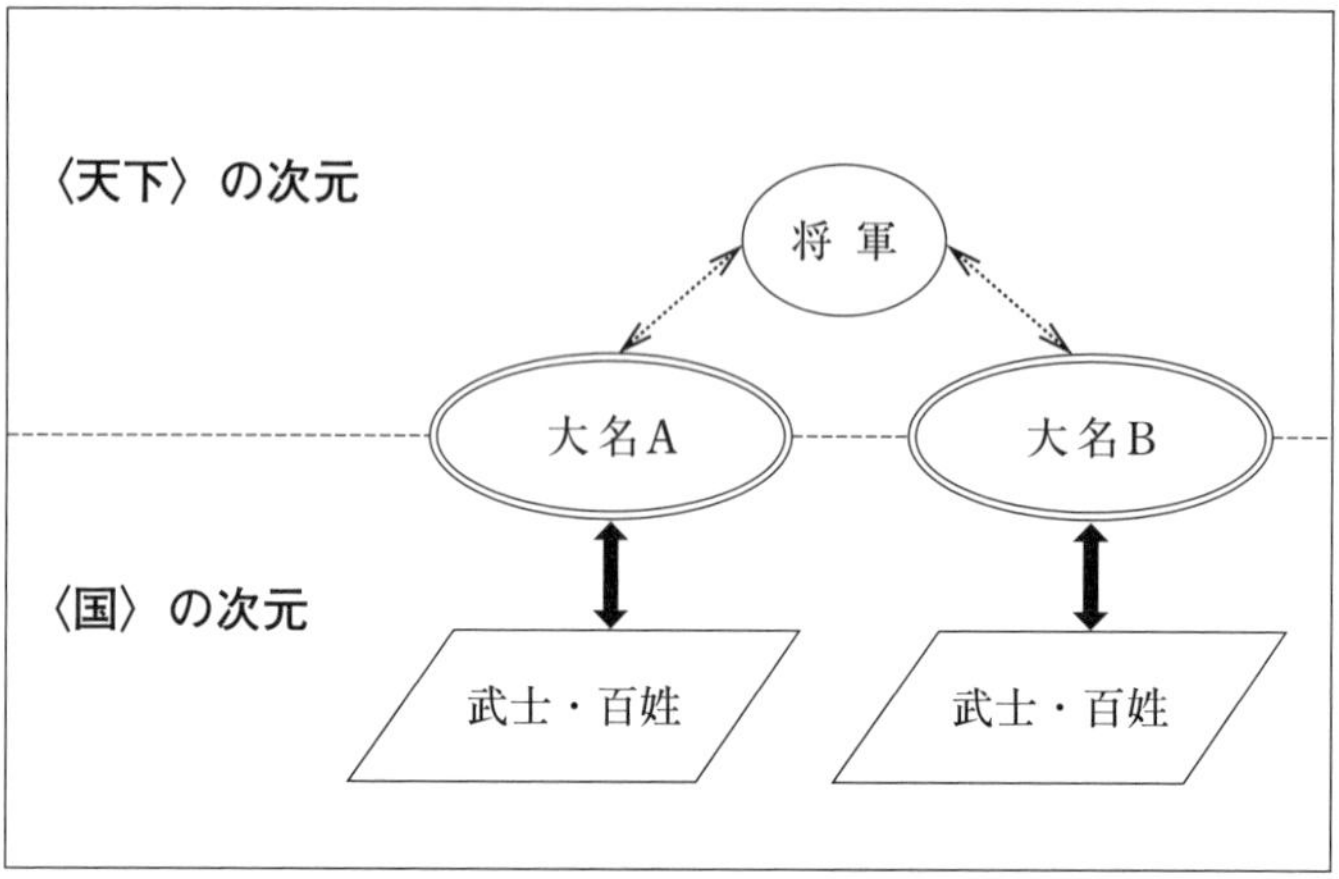

図12　戦国期日本列島の〈天下〉と〈国〉

るにあたってその活動を期待され、利用されていることからも明らかなように、国連は、国内社会ではなく国際社会の次元のほうを主たる活動域としている。したがって、国際社会という次元の存在を理解することができてはじめてわれわれは国連の活動も十分に認知できることになる。われわれにとって国連はあまり馴染み深いものではなく、その活動についてもなかなか実感をともなって理解しにくいが、これは、われわれが通常毎日の生活を送っているのが国内社会の次元のほうであって、国際社会の次元に接する機会に乏しいことが関係しているといってよかろう。

さて、このような国連のあり方とちょうど同じようなことが、戦国時代の将軍についてもあてはまるのではないかと思われる。

そもそも、今日の国内社会と同じように、戦国時代の〈国〉（＝大名領国内社会）の次元でも、年貢の税率や治安、村同士の水争いといったさまざまな問題が発生していた。しかし、これら〈国〉の次元における問題の処理は、戦国時代になるとそれぞれの大名（や家臣、百姓たち）が第一義的には担うようになっており、将軍がこれらの問題の処理に直接的に関与することは、京都とその周辺部を除けば基本的に乏しくなっていた。つまり、戦国時代になると将軍の主たる活動域は〈国〉の次元ではなくなりつつあったと考えられるわけである。では、将軍の主たる活動域はどこであったのか。戦国時代の将軍のもとには京都とその周辺部からさまざまな訴訟が提起され、将軍は側近衆や政所頭人、奉行衆などとともに「御前沙汰」や「政所沙汰」によってこれらを処理していた。では、将軍の主たる活動域とは京都とその周辺部といった狭い領域だけであったのであろうか。そうではあるまい。ではどこであったのか。

すでにこれまで論じてきたごとく、将軍は戦国時代にいたっても依然として多くの大名たちから大名間外交などの分野でさまざまな役割を期待され、利用されていた。さすれば、ちょうど国連が、国内社会の次元や国内社会における特定の領域を活動域にしているのではなく、国際社会の次元をその主たる活動域にしているのと同じように、将軍もまた京都とその周辺部といった特定の領域だけではなく、大名と大名とが互いに「国益」をめざして戦いあったり熾烈な外交を展開しあっている〈天下〉の次元をその主たる活動域にしていたと考えることができよう。戦国時代の将軍を考える際には、京都とその周辺部といった「領域《エリア》」という視点だけで考えてはならず、「次元」（〈天下〉の次元）という視点によっても考えなくてはならないのである。

したがって、われわれが国際社会という次元の存在を理解することができてはじめて国連の活動を正しく認知することができるのと同様に、〈天下〉という次元の存在を想定することによってはじめてわれわれは将軍の活動を十分に認知できることになる。これまで戦国時代の将軍の活動はきわめて低くしか評価されてこなかったが、それは、従来の研究では〈天下〉の次元という概念が十分に想定されておらず、主として〈国〉の次元や「領域」という視点でのみしか将軍の活動が評価されてこなかったことが大きい、といってもよかろう（以上の〈天下〉と〈国〉の次元については図12を参照。なお、図中の↕は、互いに関係しあっているといった意味である）。

では、戦国時代の将軍の主たる活動域が〈天下〉の次元であったとすると、われわれはこの〈天下〉の次元をどのようにイメージしたらいいのであろうか。そしてまた、戦国時代の将軍は、この〈天下〉において何を生み出す存在であったのか。これらの問題を考えるために、われわれはまず、今日において国際社会がどのようにイメージされているのかをおさえておくことにしよう。

リアリズム

国際社会の次元は、どのようなイメージでとらえられているのであろうか。

この点についてては、国際政治学の「リアリズム（realism）」、「リベラリズム（liberalism）」、「コスモポリタニズム（cosmopolitanism）」という三つの視点がよく知られているので、以下、この三つをそれぞれ簡単に説明していくことにしよう。

まず「リアリズム」をとりあげよう（「ホッブズ的伝統」や「主権国家体制」などとも称される）。このリアリズムとはごく簡潔にいえば、国際社会の基本的アクター（行為主体）を国家（の政府）とし、こうした国家と国家との生存を賭けた「闘争」状態こそが国際社会の基本的なあり方だとする見方といえよう。

すなわち、国際社会には多くの国家が存在しているが、これらの諸国家の上に「世界政府」のような諸国家を従属させる共通した政府は存在していない。つまり国際社会は、全体を統括するような統一的・集権的な世界政府が存在していないという意味ではアナーキー（無政府）な状態にあるといえるのであり、このようなアナーキーで相互不安全な状況の中で、人種・民族・言語・宗教・歴史・文化・慣習といったあらゆる基本的部分を異にしている多数の国家が並存し、自らの生存を賭けて互いに闘争しあっている、というのが国際社会なのだ。すなわち、国家同士の闘争と自助、対立と分断といったものこそが国際社会の本質なのであり、国際政治とは各国が他国以上のパワーを獲得・拡大・防衛するためにおこなう「パワー・ポリティックス（力の政治）」にほかならない。もとより、国際社会には国際法とか国連などの国際機関が存在してはいるが、それらはほとんど無意味であり、せいぜい諸国家によって御都合主義的に使われるだけにすぎない。

以上が、リアリズムの立場によるおおよその国際社会の見方といえよう。つまりリアリズムとは、国際社会の次元を、国家を基本単位とした、国際的アナーキー、諸国家による闘争と分断・自助、そして「力こそ正義だ」という世界であるとみなす立場であり、それゆえに強力なパワー（軍事力とそれを支える経済力など）をもつ大国こそ主たる分析対象として注目すべきだとする。またこの立場では、国際社会を闘争の場ととらえるために、国際「社会」などは存在せず、国際「システム」が存在するにすぎない、といった言い方がなされることもある。

リベラリズム

次に「リベラリズム」を概説しよう（「合理主義」「グロティウス的伝統」とか「国際共同体」などとも称される）。このリベラリズムとは、国家に加え、国連などの国際機関や多国籍企業、カトリック教会などの世界宗教といった超国家的な存在をも国際社会の基本的アクターだとみなしたうえで、国際社会を、リアリストのいうような諸国家の闘争の場だけではなく、諸国家や国際機関などによる「共同体」の形成されている場でもある、と考えていく見方といえる。

すなわち、国際社会の次元にはあらゆる諸国家（の政府）を従属させるような世界政府が存在せず、その意味で国際社会はアナーキーな状態にある。そうした中で各国は、人種・民族・言語・宗教・歴史・文化・慣習などあらゆる基本的部分を異にしながら並立しているわけであるが、こうした諸国家は、リアリストがいうように単に闘争に従事しているばかりではない。たとえば、富の公平な分配や地球資源の公平利用といった部分では協力しあっているし、また、国際法は国家を完全に規律しているわけではないものの、諸国家にとって単なる一片の紙片のごとき無力なものというわけでもなく、一定の機能をたしかに果たしている。さらに、諸国家はいかに対立しあっていても、ほぼすべてが国連という共通の国際機関に加盟しており、諸国家間の紛争を戦争ではなく国際法や国連によって調整することもある。

以上のような点を考えるならば、国際社会とは、互いに目的や価値などを共通し共有しあう諸国家や国際機関などによる「まとまり（共同体）」が成り立っている場でもあるといえる。つまり、国際社会は共通政府（＝世界政府）がないという意味ではアナーキーではあるものの、なお一つの「社会」ではありつづけている、すなわち「無政府社会《アナーキカル・ソサイエティ》」なのだ――以上がリベラリズムのおおよその立場といってよかろう。

コスモポリタニズム

最後に「コスモポリタニズム」をとりあげよう（「グローバリズム」や「革命主義」「カント的伝統」とも称される）。このコスモポリタニズムとは、国家中心的発想の再考を促し、国際社会の主役を国家ではなく個人ととらえる見方といえる。

すなわち、諸国家（の政府）などから成る国際社会、そして国家も、結局のところは個人の集合体にほかならない。したがって、国家や国際社会の歴史を動かし、その主役になるのは、一見すると弱い被抑圧者にみえる個々の人びとであり、彼らの国家の枠にとらわれない連帯や活動（市民運動や宗教運動、エスニック運動など）こそが世界をつくりかえていくのだ。そして、究極的には世界には世界と個人がいるだけなのであるから、いわば擬制にすぎない国家といった中間的な存在を消滅させ、国際社会と国内社会の次元とを融合し、諸国家から成る社会ではなく、諸個々人から成る単一の「世界社会（ないし世界国家）」を樹立すべきであり、そうすることによってはじめて真の「平和」が実現されうる。

以上がコスモポリタニズムの基本的な立場であり、国家ではなく個人に注目する点で、リアリズムやリベラリズムとは大きく異なっているといえよう。また、この立場では、単一の「世界社会（世界国家）」を真なるものとするのであるから、国際社会と国内社会という区別もなくなることになる。

重なり合う三つの側面

以上、国際社会の次元をイメージする三つの視点について簡単に解説してきたが、国際社会を考えるうえでもっとも重要なことは、互いに対立するこれら三つの視点のうち、どれか一つが正しく、他は誤っているというのでは決してない、ということであろう。つまり、この三つの視点は「これかあれか」という関係ではなく、この三つのいずれもが国際社会の一側面を説明している、というわけである。

すなわち、国際社会におけるアナーキーな要素や諸国家による「闘争」「分裂」などをとりわけ強調しそこに目を向ければリアリズムになり、諸国家や国際機関などがもつ共有・共通性を強調し「国際的なまとまり」に目を向ければリベラリズムになる。そして、国家ではなく個人に注目し、個々人による国家の枠を超えた連帯などを強調しそこに目を向ければコスモポリタニズムの視点にいきつく、というわけである。

したがって、国際社会の次元は、リアリズム、リベラリズム、コスモポリタニズムというこの三つの側面が対立しながらも重なり合い、入りまじっている、といえるのであり、この三つの側面はJ・メイヨールの言葉を借りれば「厳密にいえば、これかあれかという関係にはなく、いかなる時代や場所でも共存する。ただし（中略）特定の場所や時代である立場が有力になることはあるといってよいだろう」とされている（メイヨール『世界政治』三五頁〈勁草書房、二〇〇九年〉。右に論じてきた国際社会の三つの視点〈側面〉については国際政治学の多くの概説書や論考などでとりあげられているが、ここではさしあたってM・ワイト『国際理論――三つの伝統』〈日本経済評論社、二〇〇七年〉と中西寛『国際政治とは何か』序章〈中央公論新社、二〇〇三年〉を参考文献としてあげておく）。

〈天下〉をめぐる三つの視点

さて、国際社会の次元をめぐる三つの視点について、これまであれこれと論じてきたのは、われわれが戦国時代における日本列島の〈天下〉の次元のあり方を考察していく際に、以上のような国際社会をめぐる議論が参考になるのではないか、と考えるからにほかならない。

リアリズム的視点

そもそも今日、戦国時代の日本列島についての議論はさまざまな角度から進められているが、これらを〈天下〉の次元という概念を導入したうえできわめて大雑把に分けると、次のような二つの学問的潮流が認められるといってよかろう。その一つは、個々の大名たちを戦国時代の〈天下〉の次元における基本的アクターとみなしたうえで、〈天下〉の次元を、このような個々の大名たちによる生存を賭けた「闘争」の場であったのだ、ととらえていく見方である。この見方では戦国時代は次のように理解されていく。

すなわち、戦国時代では足利将軍の没落と大名たちの自立化が進捗し、〈天下〉には、全体を統括するような統一的・集権的な存在がないという意味でアナーキーな状態が現出するにいたった。将軍の没落によって、もはや大名たちの上に大名たちを従属させる高次の存在は実質的にはなく、各地の大名たちはこのようなアナーキーで相互不安全な状況の中で、自らの生存を賭けて互いに闘争を繰り返していくことになる。こうした各地の大名たちによる闘争と自助、大名（大名領国）ごとの分断と「地方の時代」といったものこそが、戦国時代における〈天下〉の次元の本質なのであり、そこでの政治は、大名が隣国の大名以上のパワーを獲得・拡大・防衛するためにおこなうパワー・ポリティックスにほかならない。もとより将軍や天皇はなお存在してはいたが、これらはほとんど無意味であり、せいぜい大名たちによって御都合主義的に使われるだけにすぎない。

以上のように、戦国時代の〈天下〉の次元を、大名を基本単位としたアナーキーな世界であって、闘争と自助、分断、「力こそ正義」の世界である、とみなしていくのであり、この立場にたつ研究者は個々の大名に注目し、個別の大名単位に分析を進め、さらにどちらかといえば強力なパワーをもつ有力大名に注目する傾向がある。こうした見方は、先にふれた国際社会を理解する三つの視点のうちの一つ、リアリズム的視点とほぼ同じであるといってよかろう。

コスモポリタニズム的視点

このような、戦国時代の〈天下〉を大名たちの闘争の場としてとらえるリアリズム的視点は、おそらく今日の戦国時代研究のもっとも一般的かつもっとも強力な視点であるといえよう。戦国時代といえば多くの人が、こうしたリアリズム的視点によってイメージしているといっても過言ではあるまい。

しかし、戦国時代研究ではもう一つ、これとは別の視点も提示されている。それは、大名を基本単位とする見方に対して再考を促し、個々の人びとすなわち「百姓」たちを基軸にすえながら戦国時代をイメージしていこう、という思潮である。

すなわち、〈天下〉といっても、結局のところは個々の百姓たちの集合体であり、大名といってもその「公権（下からの公権）」は究極的には個々の百姓たちの支持によって、つまり、百姓たちが自らが本源的にもっている権力を委ねることによって形成されている。したがって、大名たちの挙動や〈天下〉の次元全体の歴史をも動かし、その主役になるのは、一見すると弱い被抑圧者にみえる個々の百姓たちや「惣村」と称される百姓たちの集団にほかならず、大名領国という枠にとらわれない彼ら百姓たちの幅広い相互連帯や活動こそが主として〈天下〉をつくりかえていくのだ。それゆえに、戦国時代の〈天下〉を考える際にも、大名を基軸にすえて分析するのではなく、むしろ百姓たちや惣村の動き、彼らの幅広い地域の相互連帯といった諸項目にこそ注意を払うべきである――このように考えていく見方であり、これは、先に紹介した国際社会の次元を理解する三つの視点のうちの一つ、コスモポリタニズム的視点と共通する部分が多いといってよかろう。

リベラリズム的視点は可能か？

以上のように、戦国時代をめぐる今日の議論では、〈天下〉の次元を大名と大名との闘争の場ととらえるリアリズム的視点と、個々の百姓や、百姓たちによって形成された惣村などの在地の幅広い動きにこそ注目すべきだとするコスモポリタニズム的視点とが提示されている。では、リベラリズム的な視点、すなわち、〈天下〉は単に大名たちの対立・闘争の場だけではなく、大名たちによる「まとまり（共同体）」的側面も形成されている場なのだととらえる視点はないのだろうか。

結論からいえば、そのような視点は今のところ皆無に等しい。その理由の一つは、リアリズム的視点があまりにも強烈に支持されてきたからにほかならない。戦国時代といえば、大名間の闘争（群雄割拠）と列島の「分裂」こそが真なる姿であるとされてきたことから、〈天下〉の次元を大名同士の「まとまり」的側面の形成された場などと考える視点はこれまであまりなかった。しかし、はたしてこのようなリベラリズム的視点の可能性はまったくないのであろうか。

今日、世界にある百九十あまりの国家は、それぞれ人種・民族・言語・宗教・歴史・文化・慣習といったあらゆる基本的部分を異にしている。しかし、富の公平な分配とか地球資源の公平利用といったさまざまな点で協力しあっていることや、ほぼすべての国家が国連に加盟しているなど共通性や共有性もまた有していることなどに注意が払われ、諸国家は単に闘争しあっているだけではなく、国際的な「共同体」を形成してもいるのだ、とするリベラリズムの見方が示されてきた。では、戦国時代の大名たちのあいだには、そのような共通性・共有性は皆無であり、「まとまり」という側面はまったくなかったのであろうか。

たとえば、人種や宗教はどうであろうか。戦国時代の大名たちは互いに対立しあっていたが、これら大名たち（あるいはその家臣や領民たち）のあいだに、たとえばポルトガル人とのあいだにみられるような外見上の顕著な身体的差異はほとんど認められなかったと考えられ、また宗教についても、もとより宗派間対立などはあったにせよ、日本の戦国時代とほぼ同じ時期にヨーロッパで吹き荒れたような、カトリックとプロテスタントとの対立（あるいは、キリスト教とイスラム教との対立）のごとき、狂信的・激情的な宗教対立はほとんどなかったといってよかろう。したがって、戦国時代の大名たちの対立といっても、それは「生か死か」をかけた戦い――人種間対立や民族戦争、宗教戦争などによくみられるような「邪悪な」敵対者を一人残らず殲滅して「浄化」をはかるといった類の戦いでは決してなかった。

また言語についても、むろん方言などはあったであろうが、基本的には大名間における言語体系は共通していたと考えられる。たとえば、奥州の『伊達家文書』を読解する力があれば、薩摩の『島津家文書』を読解することは十分に可能であり、したがって、伊達氏にとって島津氏と意志の疎通をはかることは、たとえばポルトガル人と意志の疎通をはかることよりはるかに容易であったことはほとんど疑いないであろう。そのうえ、大名以下列島に住まう人びとは、古代以来「日本国」という一つの国制のもとに同じ歴史を体験してきたという、いわば歴史的回想を共有しており、また習慣や習俗、生活様式、文化（価値体系）などについても、東日本と西日本や各地方ごとにそれぞれ特徴や差異はあったにせよ、朝鮮半島や中国大陸に住まう人びと、あるいはポルトガル人などと比べれば似通った部分が多かったと考えてほぼ大過ないであろう。

さらに、大名たちは戦国時代においても天皇の制定する「年号」をなお使用していたうえ、古代以来の「国」（および郡）という行政単位を否定せず、また、共通の「書札礼《しよさつれい》」を認め合いこれを使って互いに書状のやりとりをおこない、さらに将軍や天皇の授与する栄典を欲し、その「ランク」を認識しあって少しでも高いランクの栄典を得ようと競争していた。そしてこれまでも論じてきたごとく、西日本を中心とする多くの大名たちは戦国時代にいたっても将軍との交流をなお保ちつづけ、将軍を形式的には主君として敬仰し、将軍と「ゆるやか」に連合してさまざまな問題、とりわけ対外問題を処理する際に将軍を利用するなど皆で将軍を共用し、将軍を媒介に互いに関連しあってもいたのであり、その代償として大名たちは将軍の上意から完全には自由でなく、将軍を利用している分だけその行動にあたっては将軍の上意を考慮せざるをえなかったのである。

「徳川の平和」のバックグラウンド

日本列島は大陸と「狭くない海」によって隔てられているうえに列島を構成する島々が比較的近接していたがゆえか、以上のように戦国時代にいたっても、各地の大名たち（さらに列島に住まう人びと）

のあいだには地域的差異はあったにしろ、人種、宗教、言語、歴史的回想、習慣、文化、年号、天皇、礼、将軍との関係といった基本部分において共通する点が多かったと考えられるのであり、また、中世前期にはすでに列島社会の中に「日本人意識」とでもいうべき意識が虚像をふくめて形成され、社会に広くひろがり、浸透していたとする見方も示されている（網野善彦『「日本」とは何か』第三章、講談社、二〇〇八年）。

さすれば、ここに「まとまり」のようなものを想定することも不可能ではないであろう。これまでの戦国史研究では、戦国期の〈天下〉を「分裂」「地方の時代」といった側面を注視するリアリズム的視点で論じることが多かったこともあって、こうした大名たちの基本的部分における共通性については十分な注意が払われてこなかったように思われるが、あらためてこのことに注目してみると、戦国時代の〈天下〉における大名たちは、基本的部分において今日の国際社会における諸国家（の政府）間よりもはるかに多くの共通性をもちあわせていたと考えてよかろう。

してみれば、戦国時代の〈天下〉の次元も、単に大名たちが互いに闘争しあい、バラバラに分裂していたというリアリズム的視点だけではなく、リベラリズム的な視点——大名たちのあいだに基本的部分の共通性があり、「まとまり」が形成されていた場と理解する見方も十分に成り立ちうる余地があるのではなかろうか。そして、戦国時代の〈天下〉（さらに列島全体）において、このような「まとまり」というリベラリズム的な側面があったからこそ、その後に「徳川の平和」が二世紀半もの長期間にわたって安定して維持しえたのではなかろうか。

そもそも、十七世紀初頭の列島において徳川氏の「統一」政権が成立し、それがその後長期にわたって安定しつづけた理由について、リアリズム的視点に好意をもつ者は、徳川氏のもつ「軍事力」の強大さや、徳川氏の「覇権」（hegemony）による〈天下〉秩序安定化に対する大名たちの希求、といったことに目を向けるべきだと主張するかもしれない。また、コスモポリタニズム的視点に好意をもつ者は、在地における百姓たちの動き——たとえば、中世の自力救済慣行に起因する「各人の各人に対する戦争」（T・ホッブズ）のごとき紛争の激化などにともなう「リヴァイアサン」型集権的政治体制の必要性の増大などにとりわけ注目すべきだ、と主張するかもしれない。

しかし、こうした剝きだしの武力や覇権安定論、あるいは在地の動きにともなうリヴァイアサン出現への期待といったことだけでなく、戦国時代の大名たち、さらに列島に住まう人びとのあいだに基本的部分における共通性・共有性がもともとそれなりに多く存在し、全体として「まとまり」の形成されていたことが「徳川の平和」を生み出し、しかもそれを二百五十年もの長期にわたって安定的に存続せしめた不可欠のバックグラウンドになっていた、と考えることはできないであろうか。

というのは、一般に、一つのまとまった国家が形成され、それが長期にわたって維持されるには、力による統合などとともに、そこに住まう人びとの「種族の同一性、言語、文化、地理、歴史、習慣などにもとづく共通の価値観」の成立が不可欠とされているからである（高坂正堯『国際政治』一二九頁、中央公論社、一九六六年）。N・マキャベリが指摘したように「言語、習慣、制度において旧来の領土と異なる地域に領土を得た場合、そこには多くの困難があり、それを維持するためには非常な幸運と努力とを必要とする」（『君主論』三七頁、講談社、二〇〇四年）のであり、今日、国際社会に共通の「世界政府」が成立していないのも、人類全体はもとより国際社会にある百九十あまりの国家のあいだにも、世界政府を樹立するだけの基本的部分の共通性の乏しいことがその一因にほかならない（H・モーゲンソー『国際政治』二十九章、福村出版、一九八六年）。

もし、こうした基本的部分の共通性の欠如したまま、たとえば剝きだしの武力によって強引に統合を果たしたとしても、それはI・カントのいう「魂のない専制」となって長期安定することは困難であろう（『永遠平和のために』六九頁、岩波書店、一九八五年）。それは、歴史上、多民族・多文化の「世界帝国」の多くが安定せず、比較的短命に終わってきたことが証明している。基本的部分の共通性が欠如した朝鮮に対する秀吉の侵攻が無惨な失敗に終わったのも、こうした文脈から考えれば当然といえるかもしれない。

さすれば、二世紀半もの長期にわたって日本列島に「徳川の平和」が維持されえたのは、大名たちのあいだにそうしたことを実現しうるだけの十分な基本的部分の幅広い共通性——「まとまり」というリベラリズム的側面があったからだと考えることは十分に可能といえるであろう。各地の大名たち、さらには列島に住まう人びとのあいだに基本的部分の共通性がすでに幅広く存在し、列島各地に地域的差異はあったとしてもそれはいわゆる「文明の衝突」を引き起こすほどのものではなかったことが、徳川氏による「統一」と長期にわたる「徳川の平和」を実現するバックグラウンドになっていた、というわけであり、そして、こうしたリベラリズム的側面の存在こそが、その後に「明治維新」（列島各地の「地域帰属意識《ローカル・パトリオティズム》」の壁を乗り越えて、後述するように〈天下〉と〈国〉を融合して列島全体を統括する「日本政府」を誕生させていった）を生み出すバックグラウンドにもやはりなっていたのではなかろうか。

トライアドをなす〈天下〉

では、戦国時代における〈天下〉の次元を考える視点として、リアリズム的視点、コスモポリタニズム的視点にくわえ、各地の大名たちのあいだに基本的部分の共通性と「まとまり」を見るリベラリズム的視点も成り立つとするならば、この三つの視点のうちのどれがもっとも〈天下〉の次元を考えるうえで適切なのであろうか。

この結論は今後の研究に委ねなくてはならないが、国際社会の次元が、リアリズム、リベラリズム、コスモポリタニズムの三つの視点のどれか一つが正しく他が誤っているというのではない、すなわち、三つのうちの「どれか一つを適当に選び、他を排除したまま問題を叙述しようとすればいかなる場合でも失敗は免れえない」（ワイト『国際理論』四〇五頁のH・ブルの解説）とされているように、〈天下〉の次元も、また三つの視点は「これかあれか」の関係にあるのではなく、この三つのうちのどれか一つを選び、他を排除したまま〈天下〉を叙述しようとすればやはり失敗は免れえないのではないか、とさしあたっては考えておきたい。

すなわち、〈天下〉におけるアナーキーな要素や大名たちの「闘争」「分裂」などをとりわけ強調しそこに目を向ければリアリズムに、大名たちの共通・共有性をとりわけ強調し

「まとまり」の部分に目を向ければリベラリズムになり、大名ではなく在地における百姓たちに注目し、彼らの幅広い地域における連帯やその影響力をとりわけ強調しそこに目を向ければコスモポリタニズムの視点となっていく、といったように、この三つの視点はそれぞれ〈天下〉の一側面をあらわしている。

そして、この三つの側面は特定の場所や時期によってある立場が有力になることはあっても、これかあれかといった関係にはなく、それぞれ相対立しながらも重なり合い、入りまじっている、つまり〈天下〉の次元とは、この対立する三つの側面の三和音《トライアド》としての性格をもっているといえるのではないか。いいかえるならば、リアリズム、リベラリズム、コスモポリタニズムというこの三つの側面は、それぞれ〈天下〉の一部分をあらわしているだけで、それぞれが〈天下〉の次元の全体をあらわしているわけではなく、したがって、戦国時代の〈天下〉の次元はこの三つの側面のうちのどれか一つだけを注視し、他を排除してはその真の姿をイメージすることは決してできない。すなわち、〈天下〉のトライアドとしての性格を理解し、三つの側面を総体として見ることによってはじめて〈天下〉の次元全体の真の姿をイメージすることができるのではないか。今のところはこのように考えておきたい。

先に述べたように、従来の戦国史研究ではリアリズム的視点とコスモポリタニズム的視点がすでにあり、これらの分析視角によって戦国期〈天下〉のリアリズム、コスモポリタニズム的側面はそれぞれそれなりに分析されてきた。しかし、「群雄割拠」というリアリズム的視点があまりにも強烈に支持されてきたがゆえに、〈天下〉の「まとまり」を注視するリベラリズム的視点はこれまでほとんど皆無であり、したがって〈天下〉のリベラリズム的側面については今のところ十分には明らかになっていない。だが、〈天下〉がリアリズム、リベラリズム、コスモポリタニズムという三つの側面のトライアドとしての性格をもっているとするならば、リベラリズム的側面についても明らかにされる必要があるといえよう。

将軍研究の意義

このように考えてくると、なぜ戦国時代の将軍に注目し、その存立のあり方や将軍と大名たちとの関係を糺明していくことが必要であるのか、その理由の一端が理解されるのではなかろうか。戦国時代の将軍はもはや〈天下〉の次元における唯一の政治的中心であったわけではなく、したがって将軍を中心に〈天下〉の次元が回転していたわけでもなかった。しかし、将軍は各地の多くの大名たちによって利用され、共用されていたのであり、さすればそうした将軍は、共有・共通する人種、宗教、言語、歴史的回想、習慣、文化、年号、天皇、礼などとともに〈天下〉のリベラリズム的側面を生み出す要素の一つであった、といってよかろう。

したがって、このような戦国時代の将軍のあり方、すなわち、戦国期においても維持されていた将軍と多くの大名たちとの相互補完関係の具体的なあり様を解き明かしていくことは、〈天下〉のリベラリズム的側面――リアリズムやコスモポリタニズム的側面に比してその分析がほとんど進められてこなかったリベラリズム的側面の実像を解き明かすことにつながるといえるのであり、そしてそれはひいては、この三つの側面のトライアドとしての性格をもつ〈天下〉の次元全体を解き明かすことにつながっていくのである。

〈天下〉と〈国〉の融合

これまでの議論をまとめておこう。ここでは、国際政治学の知見を援用しながら、戦国時代における〈天下〉と〈国〉という次元や、〈天下〉に関する三つの視点、〈天下〉のトライアドとしての性格などをめぐって次のようなことを論じてきた。

（一）　世界が「国際社会」と「国内社会」という二つの次元に分けられるのと同じように、戦国時代の日本列島も、これを一つの小さな「世界」であると見立てた場合、〈天下〉と〈国〉という二つの次元に分けることができる。このうち、戦国時代の将軍が主たる活動域にしていたのは〈天下〉の次元のほうであったと考えられる。

（二）　戦国時代の〈天下〉の次元は、国際社会の次元と同じように、リアリズム（〈天下〉は、大名たちの上に全体を統括するような高次の存在がないという意味でアナーキーな状態にあり、そのなかで多くの大名たちが互いに生存を賭けて闘争しあっていたとイメージする）、リベラリズム（〈天下〉はアナーキーな状態にあるが、大名たちは単に闘争しあっていたばかりではなく、基本的部分において共有・共通性をもち、「まとまり」も形成されていたとイメージする）、コスモポリタニズム（〈天下〉は結局のところは主として百姓たちのさまざまな動向によって規律され、形づくられていたのだとイメージする）という、互いに対立する三つの側面が入りまじり、重なりあった三和音《トライアド》としての性格をもっていたと理解される。

（三）　大名たちに対大名外交などにおいて利用され、大名たちによっていわば共用されていた戦国時代の将軍は、〈天下〉におけるリベラリズム的側面を生み出す要素の一つであったと考えられる。したがって、戦国時代の将軍のあり方――戦国期においても維持されていた将軍と大名たちとの相互補完関係のあり様を具体的に解明していくことは、従来の研究では見過ごされてきた〈天下〉におけるリベラリズム的側面の実像を明らかにすることになり、ひいてはトライアドとしての〈天下〉の次元全体を明らかにすることにつながる可能性がある。

さて、この章では〈天下〉と〈国〉という二つの次元を想定してきたわけだが、この二つの次元はいつごろに形成されはじめ、またいつごろに融合・消滅したと考えるべきなのであろうか。以下、この点についてごく簡単に見通しだけを述べておくことにしよう。

周知のように、今日の国際社会はヨーロッパ国際社会を起源としている。そしてヨーロッパにおいて、自己を最高とする主権国家（の原型）などが互いに外交や戦争などを展開しあう、アナーキーな「国際社会」が本格的に形成されはじめていったのは、神聖ローマ皇帝やローマ教皇といった、これまでヨーロッパ全体において大きな力をふるってきた普遍的存在が相対的に後景に退くことになった、三十年戦争（一六一八〜四八年）終焉ごろ（一六四八年のウェストファリア講和条約の成立）であったとされている。

さすれば、日本列島において、自己を最高とする大名たちが互いに戦争や外交などを展開しあうアナーキーな〈天下〉の次元（および、こうした大名を中心とした大名領国内社会という〈国〉の次元）が形成されはじめていったのも、列島で各地の大名たちが「上の承認に基づく公権」から「下からの公権」に依拠するようになって将軍から自立する方向性を顕著化させるようになり、それによって将軍という普遍的存在が相対的に後景に退くようになった十五世紀中ごろ、とりわけ応仁の乱（一四六七～七七年）の終焉ごろであった、と考えてもさしあたっては大過ないであろう。では、この〈天下〉と〈国〉という二つの次元はいつごろに融合・消滅したのだろうか。

この点については、さしあたって次の二つの候補があげられよう。一つは、十七世紀初頭の徳川氏による「統一」の時期であり、もう一つは、十九世紀後半における明治維新の時期である。まず前者について考えてみよう。十七世紀初頭、徳川氏（家康）によって列島は「統一」されるが、「統一」といっても徳川氏が大名たちの領国をすべて消滅させ、列島において文字どおりの一元的支配を確立していったわけではなかった。たとえば近世史家の大石慎三郎《おおいししんざぶろう》氏は次のように指摘している。

徳川幕府が絶対的な権力を持っていて、諸大名を完全に家臣のごとく扱っていたような理解が世の中に行き渡っているが、実際はそうではない。徳川氏は四百万ないし四百五十万石を擁する日本最大の大大名ではあったが、幕府が諸大名の生殺与奪の権を自由に操っていたわけではないのである。（中略）この時代の政治形態は徳川家による全国統一政権などでは決してなく、むしろアメリカ合衆国的な「連邦国家」のイメージに近い。幕府は日本全体のレベルでいえば軍事権と外交権、そして通貨発行権を掌握するだけで、連邦を構成する独立国である諸藩の政治に介入することはなかった（『将軍と側用人の政治』第二章、講談社、一九九五年）。

徳川将軍（江戸幕府）は、広大な直轄領と「旗本八万騎」と俗称される巨大な直轄軍とを独自に有し、足利将軍とは異なって、大名たちとペアーにならなくてもそれ自体で単独で存立しえた。しかし、徳川氏による列島一元的支配が確立されていたわけではなかったのであり、事実上の「独立国」という形で大名領国＝「藩」はなお存続し、徳川「幕府も一つの「藩」にすぎ」ず（大石氏前掲書七六頁）、他藩内の政治には基本的に介入しなかった、というのである。

さすれば、江戸時代においても〈天下〉と〈国〉という二つの次元は依然として一つに融合されてはおらず、列島には、各大名「藩」や徳川「藩」（＝江戸幕府）といった、いわば藩内社会というべき〈国〉の次元と、徳川氏や大名たちが互いに競合したり外交などを展開しあったりする〈天下〉の次元の二つを依然として想定することができるといえよう。

十七世紀初頭以降、徳川氏はその圧倒的パワーを使ってさまざまな公共財《パブリック・グッズ》を提供し、「徳川の平和」というべき安定的な〈天下〉秩序の形成・維持をはかっていったが、〈天下〉と〈国〉を融合して列島を一元的に支配したわけではなく、〈天下〉の次元において「覇権」(hegemony)を確立させていたにすぎなかった、といってもいいであろう(覇権の定義については、H・ブル『国際社会論』〈岩波書店、二〇〇〇年〉第九章を参照。ブルは、小国に対する大国のあり方について、「支配」(dominance)と「優位」(primacy)およびこの両者の中間としての「覇権」(hegemony)という三つのレヴェルをあげている)。

とすると、〈天下〉と〈国〉という二つの次元が消滅・融合される時期は、十七世紀初頭の徳川氏による「統一」(覇権の確立)の時期というよりも、十九世紀後半における「明治維新」にこそ求められるといえるのではないか。すなわち、版籍奉還(一八六九年)と廃藩置県(一八七一年)によって、列島において藩という独立国はなくなり、列島全体を一元的に統治する唯一の「日本政府」が誕生するにいたった。ここにいたり、十五世紀中ごろからつづいた〈天下〉と〈国〉という二つの次元はついに一つに融合されることになったのである。しかし、生まれたばかりの日本政府は、この直後、今度は地球大の〈天下〉の次元——真の国際社会に組み込まれていくことになるのであった。

戦国時代の足利将軍をどうイメージすべきか――エピローグ

戦国将軍とは何であったのか

最後に、これまで本書において論じてきたことを簡単にふりかえっておくことにしよう。

そもそも、戦国時代以前から足利将軍（幕府＝狭義の幕府）と大名たちとは相互に補完しあう関係にあった。すなわち、大名たちは「上の承認に基づく公権」に依拠し、一方将軍のほうも大名たちといわばペアーになり、大名たちから協力の提供を受けなければ存立しえないような仕組にもともとなっていたのであり、こうした、相互に補完しあう将軍と大名たちとの総体が〈幕府〉（＝広義の幕府）であった。

ところが、十五世紀半ばごろになると、大名たちは「上の承認に基づく公権」から文字どおりの「下からの公権」に依拠するようになり、応仁の乱以降には将軍のいる京都から離れて在国化の傾向を顕著化させるようになっていった。大名たちは将軍から相対的に自立するようになっていったわけである。もっとも、大名たちはこれ以降、将軍との関係をまったく断ち切ってしまったというわけではなかった。というのは、大名たちにとって将軍は、さまざまな問題、とりわけ対外的な問題に対処するうえでまだまだ十分に利用価値があった（と大名たちは判断していた）からであり、そのために西日本を中心とする多くの大名たちは、依然として将軍との関係を捨て去らず、将軍を支え、将軍を利用し、それゆえにその行動にあたっては一定の範囲内で将軍の上意を考慮に入れざるをえなかった。将軍が戦国時代百年間にもわたってともかくも存続しえた大きな理由の一つは、まさにここにあったといってよかろう。

このように、将軍と大名たちとは戦国時代にいたっても「ゆるやか」な形に変化しながら依然として相互に利用しあい、補完しあっていたのであり、こうした相互利用・相互補完の関係は、将軍義昭と織田信長とのいわゆる「二重政権」や、京都を追放された義昭と信長包囲網の大名たちとの関係についてもあてはまると考えられる。したがって、相互に補完しあう将軍と大名たちとの総体を〈幕府〉と呼ぶならば、この〈幕府〉は応仁の乱はもとより、信長による義昭の京都追放の時点でも消滅したわけではなく、これが名実ともにまったく消滅する時期は、義昭が豊臣氏を中心とする体制に完全に包摂されることになる天正十五年（一五八七）末に求めるべきといえよう。

以上のように、戦国時代においても大名たちの多くは将軍を利用し、将軍をいわば皆で共用していたのであり、直接的な交流のない大名同士であっても将軍を介して間接的に互いに関連しあっていた。このような将軍を戦国期列島社会全体の中でどう位置づけていくのか、というのはむずかしい問題であるが、戦国時代の将軍は、リアリズム・リベラリズム・コスモポリタニズム的側面がトライアドをなす戦国期〈天下〉の次元――十五世紀半ばごろに形成されはじめ、十九世紀後半の明治維新によって再び一つに融合される〈天下〉と〈国〉の次元の一方――における、リベラリズム的側面を生み出す要素の一つとして理解すべきではないか、というのが本書での結論である。

戦国将軍をどうイメージすべきか

以上が本書で論じてきたことの大意であるが、「戦国時代の将軍は〈天下〉の次元におけるリベラリズム的側面を生み出す要素の一つであった」といっても、これだけでは専門の研究者ではない一般の読者諸氏には、戦国時代の足利将軍をややイメージしにくいかもしれない。

よく知られるように、戦国時代の大名は、一般に「独立した小国家の王」などといった形でしばしばイメージされており、このようなイメージは戦国時代の大名に対する多くの人びとの関心を呼び起こし、この時期の大名を理解するための第一歩になってきたことは否めない。さすれば、戦国時代の将軍についても、もう少し分かりやすいイメージを示しておく必要があるといえよう。では、将軍を分かりやすくイメージするとしたら、どのようになるのであろうか。

最終章「〈天下〉の次元の三和音《トライアド》」のところで論じてきたごとく、戦国時代の〈天下〉の次元は、大名たちの上に〈天下〉全体を統括するような統一的・集権的な高次の存在がないという意味でアナーキーな状態にあり、リアリズム・リベラリズム・コスモポリタニズム的側面が重なり合った、トライアドとしての性質をもっていたと考えられる。

そして、こうした戦国期〈天下〉の次元において将軍は、〈天下〉全体を統括するような統一的・集権的な存在ではもはやなく、直属軍も財政基盤も脆弱であり、将軍を首長とする幕府（＝狭義の幕府）組織も小さく、大名たちに補完されて存立し、大名たちの挙動を完全に規律することもできなかった。しかし、将軍は、戦国時代にいたっても幅広い大名たちとなお交流を保ち、多くの大名たちによって対外問題などを処理する際にさまざまに利用されていたのであり、それゆえに大名たちは、将軍の上意に完全に規律されたわけではなかったものの、その行動にあたっては死活的利益に反しない範囲内で上意をそれなりに考慮に入れざるをえなかった。このように、将軍は戦国期においても多くの大名たちに利用され、大名たちにいわば共用されて彼らを互いに関連づけていたのであり、その意味では将軍は、戦国期〈天下〉の次元におけるリベラリズム的側面を生み出す要素の一つであったといえよう。

一方、今日の「国際社会」も、また戦国時代の〈天下〉と同じように、各国家（の政府）の上に国際社会全体を統括するような統一的・集権的な高次の政府（＝世界政府）がないという意味でアナーキーな状態にあり、リアリズム・リベラリズム・コスモポリタニズム的側面が重なり合った、トライアドとしての性質をもつものとして理解されている。

そして、このような国際社会において国連（事務総長）は、諸国家の上にあって国際社会全体を統括するような世界政府ではなく、通常の国家とは違って国土も国民も主権も直属軍もなく、財政基盤も脆弱であり、組織も小さく、各加盟国に補完されて存立し、各国の挙動を完全に規律することもできない。しかし、国連は、世界のほぼすべての国家の加盟を受け、多くの加盟国によって対外問題などを処理する際に利用されているのであり、それゆえに各加盟国は、国連の意向に完全に規律されるわけではないものの、その行動にあたっては死活的利益に反しない範囲内で国連の意向をそれなりに考慮に入れざるをえない。このように、国連は各国に利用され、各国にいわば共用されて国々を互いに関連づけているのであり、その意味では国連は、国際社会におけるリベラリズム的側面を生み出す要素の一つであると考えてよかろう。

さて、以上のように整理してみると、戦国期〈天下〉における将軍と、今日の国際社会における国連とのあいだには、もとより時代や規模（日本列島と世界）といった相違はあるものの、形態的な類似性もまた認められるといっていいであろう。さすれば、一つの比喩として、戦国時代の〈天下〉における将軍を、国際社会における国連になぞらえてイメージすることは、さしあたっては的外れではないのではなかろうか。すなわち、戦国時代の大名を独立国家の元首とイメージするならば、戦国期〈天下〉の次元における将軍は、ちょうど国際社会での国連に比すべきような立場にあった、とイメージしていくのであり、このようなイメージは、戦国時代の将軍がどのようなものであったのかを理解するための、とりあえずの第一歩になりうる、といってもいいであろう。

あとがき

構造主義の父として著名なC・レヴィ＝ストロースは、いわゆる「未開社会」などを研究する人類学の意義について次のように述べている。

すなわち、「ひとつの文明は、他のひとつ、あるいはいくつかの文明を比較対象とすることなしには、自らをかえりみることもできない」。それゆえ、「私たちの社会とはきわめて異なったモデルを明らかにすること、それによって私たちのモデルについて反省を促し、場合によっては疑問を提起すること」こそが人類学の意義であり、未開社会のありさまを明らかにし、それと私たちが生きる文明社会とを対比することによって文明社会を考えていく、つまり「異なった社会の光に照らして、私たち自身の社会で生まれつつある慣習について考えるということ」が人類学である、というのである（『レヴィ＝ストロース講義』平凡社、二〇〇五年）。

考えてみれば、歴史学——とりわけ戦国史といった前近代史学もまた同じだといえるかもしれない。われわれが生きる現代社会もまた、過去と比較対象とすることなしに自らをかえりみることはできないであろう。われわれ現代人にとって、現代（と近代）はあまりにも「当たり前」すぎる存在であり、それゆえ、われわれが現代の真の姿を知ることは意外にむずかしい。そこで、過去を明らかにし、この過去と現代とを比較していく、すなわち、過去の光に現代を照らしてみることによって、「常識」というヴェールでおおわれていてわれわれ現代人には見分けにくい現代の「真の姿」を知ること、これこそが歴史学の意義の一つといえるのではあるまいか。

本書は、戦国時代の足利将軍を論じたものである。本書が、これまであまり注目されず、冷笑すらされてきた戦国時代の足利将軍を問い直す契機になってくれることを願ってやまない。またそれとともに、とりわけ専門の研究者ではない一般の読者諸氏にとって、本書でとりあげた戦国時代の将軍をめぐるさまざまな事柄——アナーキーな戦国期〈天下〉の次元や、そうした〈天下〉の次元におけるリベラリズム的側面を生み出す要素の一つであった将軍のあり方、外交問題などを処理する際に将軍を利用する大名たちの姿といったこと——が、単に戦国時代を知るだけではなく、現代に生きる者にとってあまりにも「当たり前」すぎて気がつかない現代のありさま、たとえば、今日のアナーキーな国際社会や国連、バランス・オブ・パワーや集団防衛といった国家間外交のさまざまなあり方などをあ、、、、、、、、らためて考える契機にもなってくれればと願っている。

E・H・カーは次のように述べている。「過去は、現在の光に照らして初めて私たちに理解出来るものでありますし、過去の光に照らして初めて私たちは現在をよく理解することが出来るものであります。人間に過去の社会を理解させ、現在の社会に対する人間の支配力を増大させるのは、こうした歴史の二重機能にほかなりません」（『歴史とは何か』岩波書店、一九六二年）。

過去だけでは意味がないし、過去を知らずして現代をよりよく理解することもできない。過去だけを知るのではなく、過去と現代とを相互に対話させ、両者を対比し、過去によって現代を（再）発見していくこと、これもまた「歴史を学ぶ」ということの一つなのではなかろうか。

二〇一〇年十一月

山田康弘

参考文献

市村高男「戦国大名研究と列島戦国史」（『武田氏研究』三〇、二〇〇四年）

今谷　明『室町幕府解体過程の研究』（岩波書店、一九八五年）

大石慎三郎『将軍と側用人の政治』（講談社、一九九五年）

勝俣鎮夫『戦国法成立史論』（東京大学出版会、一九七九年）

佐藤進一『日本中世史論集』（岩波書店、一九九〇年）

高坂正堯『国際政治』（中央公論社、一九六六年）

中西　寛『国際政治とは何か』（中央公論新社、二〇〇三年）

初瀬龍平『国際政治学』（同文館出版、一九九三年）

久野雅司「足利義昭政権論」（『栃木史学』二三、二〇〇九年）

藤田達生『証言本能寺の変』（八木書店、二〇一〇年）

H・ブル『国際社会論』（岩波書店、二〇〇〇年）

H・モーゲンソー『国際政治』（福村出版、一九八六年）

山田邦明『戦国のコミュニケーション』（吉川弘文館、二〇〇二年）

山田康弘『戦国期室町幕府と将軍』（吉川弘文館、二〇〇〇年）

山田康弘「戦国期における将軍と大名」（『歴史学研究』七七二、二〇〇三年）

山田康弘「戦国期大名間外交と将軍」（『史学雑誌』一一二―一一、二〇〇三年）
山田康弘「戦国期栄典と大名・将軍を考える視点」（『戦国史研究』五一、二〇〇六年）
山田康弘「戦国期本願寺の外交と戦争」（五味文彦・菊地大樹編『中世の寺院と都市・権力』山川出版社、二〇〇七年）
山田康弘「戦国期幕府奉行人奉書と信長朱印状」（『古文書研究』六五、二〇〇八年）。
山田康弘「戦国時代の足利将軍家と本願寺・加賀一向一揆」（『加能史料研究』二一、二〇〇九年）
山田康弘「戦国期伊予河野氏と将軍」（『四国中世史研究』一〇、二〇〇九年）
山田康弘「戦国期将軍の大名間和平調停」（阿部猛編『中世政治史の研究』日本史史料研究会、二〇一〇年）
M・ワイト『国際理論』（日本経済評論社、二〇〇七年）

【補記】本書執筆にあたってさまざまな方々から助言を賜った。とりわけ『大館常興日記研究会』の諸君からは貴重な助言をいただいた。ここに記して衷心より謝意を表す次第である。

著者紹介

一九六六年、群馬県に生まれる
一九九〇年、学習院大学文学部史学科卒業
一九九八年、学習院大学大学院人文科学研究科博士後期課程修了、博士(史学)
現在、小山工業高等専門学校非常勤講師

主要著書
『戦国期室町幕府と将軍』(吉川弘文館、二〇〇〇年)
『足利義稙―戦国に生きた不屈の大将軍―』(中世武士選書33、戎光祥出版、二〇一六年)

歴史文化ライブラリー
323

戦国時代の足利将軍

二〇一一年(平成二十三)七月一日 第一刷発行
二〇一七年(平成二十九)四月一日 第三刷発行

著　者　山《やま》田《だ》康《やす》弘《ひろ》

発行者　吉川道郎

発行所　株式会社 吉川弘文館
東京都文京区本郷七丁目二番八号
郵便番号一一三―〇〇三三
電話〇三―三八一三―九一五一〈代表〉
振替口座〇〇一〇〇―五―二四四
http://www.yoshikawa-k.co.jp/

印刷=株式会社 平文社
製本=ナショナル製本協同組合
装幀=清水良洋・大胡田友紀

ISBN978-4-642-05723-3

歴史文化ライブラリー

1996.10

刊行のことば

現今の日本および国際社会は、さまざまな面で大変動の時代を迎えておりますが、近づきつつある二十一世紀は人類史の到達点として、物質的な繁栄のみならず文化や自然・社会環境を謳歌できる平和な社会でなければなりません。しかしながら高度成長・技術革新にともなう急激な変貌は「自己本位な刹那主義」の風潮を生みだし、先人が築いてきた歴史や文化に学ぶ余裕もなく、いまだ明るい人類の将来が展望できていないようにも見えます。このような状況を踏まえ、よりよい二十一世紀社会を築くために、人類誕生から現在に至る「人類の遺産・教訓」としてのあらゆる分野の歴史と文化を「歴史文化ライブラリー」として刊行することといたしました。

小社は、安政四年（一八五七）の創業以来、一貫して歴史学を中心とした専門出版社として書籍を刊行しつづけてまいりました。その経験を生かし、学問成果にもとづいた本叢書を刊行し社会的要請に応えて行きたいと考えております。

現代は、マスメディアが発達した高度情報化社会といわれますが、私どもはあくまでも活字を主体とした出版こそ、ものの本質を考える基礎と信じ、本叢書をとおして社会に訴えてまいりたいと思います。これから生まれでる一冊一冊が、それぞれの読者を知的冒険の旅へと誘い、希望に満ちた人類の未来を構築する糧となれば幸いです。

吉川弘文館

歴史文化ライブラリー

中世史

列島を翔ける平安武士 九州・京都・東国 — 野口 実
源氏と坂東武士 — 野口 実
熊谷直実 中世武士の生き方 — 高橋 修
頼朝と街道 鎌倉政権の東国支配 — 木村茂光
鎌倉源氏三代記 一門・重臣と源家将軍 — 永井 晋
鎌倉北条氏の興亡 — 奥富敬之
三浦一族の中世 — 高橋秀樹
都市鎌倉の中世史 吾妻鏡の舞台と主役たち — 秋山哲雄
源 義経 — 元木泰雄
弓矢と刀剣 中世合戦の実像 — 近藤好和
騎兵と歩兵の中世史 — 近藤好和
その後の東国武士団 源平合戦以後 — 関 幸彦
声と顔の中世史 戦さと訴訟の場景より — 蔵持重裕
運 慶 その人と芸術 — 副島弘道
乳母の力 歴史を支えた女たち — 田端泰子
荒ぶるスサノヲ、七変化 〈中世神話〉の世界 — 斎藤英喜
曽我物語の史実と虚構 — 坂井孝一
親 鸞 — 平松令三
親鸞と歎異抄 — 今井雅晴
神や仏に出会う時 中世びとの信仰と絆 — 大喜直彦
神風の武士像 蒙古合戦の真実 — 関 幸彦
鎌倉幕府の滅亡 — 細川重男
足利尊氏と直義 京の夢、鎌倉の夢 — 峰岸純夫
高 師直 室町新秩序の創造者 — 亀田俊和
新田一族の中世 「武家の棟梁」への道 — 田中大喜
地獄を二度も見た天皇 光厳院 — 飯倉晴武
東国の南北朝動乱 北畠親房と国人 — 伊藤喜良
南朝の真実 忠臣という幻想 — 亀田俊和
中世の巨大地震 — 矢田俊文
大飢饉、室町社会を襲う！ — 清水克行
贈答と宴会の中世 — 盛本昌広
中世の借金事情 — 井原今朝男
庭園の中世史 足利義政と東山山荘 — 飛田範夫
土一揆の時代 — 神田千里
山城国一揆と戦国社会 — 川岡 勉
中世武士の城 — 齋藤慎一
武田信玄 — 平山 優
歴史の旅 武田信玄を歩く — 秋山 敬
戦国大名の兵粮事情 — 久保健一郎
戦乱の中の情報伝達 使者がつなぐ中世京都と在地 — 酒井紀美
戦国時代の足利将軍 — 山田康弘

歴史文化ライブラリー

名前と権力の中世史 室町将軍の朝廷戦略——水野智之
戦国貴族の生き残り戦略——岡野友彦
戦国を生きた公家の妻たち——後藤みち子
鉄砲と戦国合戦——宇田川武久
検証 長篠合戦——平山 優
よみがえる安土城——木戸雅寿
検証 本能寺の変——谷口克広
加藤清正 朝鮮侵略の実像——北島万次
落日の豊臣政権 秀吉の憂鬱、不穏な京都——河内将芳
北政所と淀殿 豊臣家を守ろうとした妻たち——小和田哲男
豊臣秀頼——福田千鶴
偽りの外交使節 室町時代の日朝関係——橋本 雄
朝鮮人のみた中世日本——関 周一
ザビエルの同伴者 アンジロー 戦国時代の国際人——岸野 久
海賊たちの中世——金谷匡人
中世 瀬戸内海の旅人たち——山内 譲
アジアのなかの戦国大名 西国の群雄と経営戦略——鹿毛敏夫
琉球王国と戦国大名 島津侵入までの半世紀——黒嶋 敏
天下統一とシルバーラッシュ 銀と戦国の流通革命——本多博之

近世史

神君家康の誕生 東照宮と権現様——曽根原 理
江戸の政権交代と武家屋敷——岩本 馨
江戸の町奉行——南 和男
江戸御留守居役 近世の外交官——笠谷和比古
検証 島原天草一揆——大橋幸泰
大名行列を解剖する 江戸の人材派遣——根岸茂夫
江戸大名の本家と分家——野口朋隆
赤穂浪士の実像——谷口眞子
〈甲賀忍者〉の実像——藤田和敏
江戸の武家名鑑 武鑑と出版競争——藤實久美子
武士という身分 城下町萩の大名家臣団——森下 徹
旗本・御家人の就職事情——山本英貴
武士の奉公 本音と建前 江戸時代の出世と処世術——高野信治
宮中のシェフ、鶴をさばく 江戸時代の朝廷と庖丁道——西村慎太郎
馬と人の江戸時代——兼平賢治
犬と鷹の江戸時代 〈犬公方〉綱吉と〈鷹将軍〉吉宗——根崎光男
紀州藩主 徳川吉宗 明君伝説・宝永地震・隠密御用——藤本清二郎
江戸時代の孝行者 「孝義録」の世界——菅野則子
死者のはたらきと江戸時代 遺訓・家訓・辞世——深谷克己
近世の百姓世界——白川部達夫
江戸の寺社めぐり 鎌倉・江ノ島・お伊勢さん——原 淳一郎
宿場の日本史 街道に生きる——宇佐美ミサ子

歴史文化ライブラリー

近・現代史

歴史文化ライブラリー

明治神宮の出現　山口輝臣
神都物語 伊勢神宮の近現代史　ジョン・ブリーン
日清・日露戦争と写真報道 戦場を駆ける写真師たち　井上祐子
博覧会と明治の日本　國　雄行
公園の誕生　小野良平
啄木短歌に時代を読む　近藤典彦
鉄道忌避伝説の謎 汽車が来た町、来なかった町　青木栄一
軍隊を誘致せよ 陸海軍と都市形成　松下孝昭
家庭料理の近代　江原絢子
お米と食の近代史　大豆生田　稔
日本酒の近現代史 酒造地の誕生　鈴木芳行
失業と救済の近代史　加瀬和俊
近代日本の就職難物語 「高等遊民」になるけれど　町田祐一
選挙違反の歴史 ウラからみた日本の一〇〇年　季武嘉也
海外観光旅行の誕生　有山輝雄
関東大震災と戒厳令　松尾章一
モダン都市の誕生 大阪の街・東京の街　橋爪紳也
激動昭和と浜口雄幸　川田　稔
昭和天皇とスポーツ 〈玉体〉の近代史　坂上康博
昭和天皇側近たちの戦争　茶谷誠一
大元帥と皇族軍人 大正・昭和編　小田部雄次

海軍将校たちの太平洋戦争　手嶋泰伸
植民地建築紀行 満洲・朝鮮・台湾を歩く　西澤泰彦
帝国日本と植民地都市　橋谷　弘
稲の大東亜共栄圏 帝国日本の〈緑の革命〉　藤原辰史
地図から消えた島々 幻の日本領と南洋探検家たち　長谷川亮一
日中戦争と汪兆銘《おうちょうめい》　小林英夫
自由主義は戦争を止められるのか 芦田均・清沢洌・石橋湛山　上田美和
モダン・ライフと戦争 スクリーンのなかの女性たち　宜野座菜央見
彫刻と戦争の近代　平瀬礼太
軍用機の誕生 日本軍の航空戦略と技術開発　水沢　光
首都防空網と〈空都〉多摩　鈴木芳行
陸軍登戸研究所と謀略戦 科学者たちの戦争　渡辺賢二
帝国日本の技術者たち　沢井　実
〈いのち〉をめぐる近代史 堕胎から人工妊娠中絶へ　岩田重則
強制された健康 日本ファシズム下の生命と身体　藤野　豊
戦争とハンセン病　藤野　豊
「自由の国」の報道統制 大戦下の日系ジャーナリズム　水野剛也
敵国人抑留 戦時下の外国民間人　小宮まゆみ
銃後の社会史 戦死者と遺族　一ノ瀬俊也
海外戦没者の戦後史 遺骨帰還と慰霊　浜井和史
国民学校 皇国の道　戸田金一

歴史文化ライブラリー

学徒出陣 戦争と青春 ― 蜷川壽恵
〈近代沖縄〉の知識人 島袋全発の軌跡 ― 屋嘉比 収
沖縄戦 強制された「集団自決」― 林 博史
原爆ドーム 物産陳列館から広島平和記念碑へ ― 頴原澄子
戦後政治と自衛隊 ― 佐道明広
米軍基地の歴史 世界ネットワークの形成と展開 ― 林 博史
沖縄 占領下を生き抜く 軍用地・通貨・毒ガス ― 川平成雄
昭和天皇退位論のゆくえ ― 冨永 望
紙 芝 居 街角のメディア ― 山本武利
団塊世代の同時代史 ― 天沼 香
鯨を生きる 鯨人の個人史・鯨食の同時代史 ― 赤嶺 淳
丸山真男の思想史学 ― 板垣哲夫
文化財報道と新聞記者 ― 中村俊介

文化史・誌

落書きに歴史をよむ ― 三上喜孝
霊場の思想 ― 佐藤弘夫
四国遍路 さまざまな祈りの世界 ― 星野英紀・浅川泰宏
跋扈《ばっこ》する怨霊 祟りと鎮魂の日本史 ― 山田雄司
将門伝説の歴史 ― 樋口州男
藤原鎌足、時空をかける 変身と再生の日本史 ― 黒田 智
変貌する清盛 『平家物語』を書きかえる ― 樋口大祐
鎌倉 古寺を歩く 宗教都市の風景 ― 松尾剛次
空海の文字とことば ― 岸田知子
鎌倉大仏の謎 ― 塩澤寛樹
日本禅宗の伝説と歴史 ― 中尾良信
水墨画にあそぶ 禅僧たちの風雅 ― 高橋範子
日本人の他界観 ― 久野 昭
観音浄土に船出した人びと 熊野と補陀落渡海 ― 根井 浄
殺生と往生のあいだ 中世仏教と民衆生活 ― 苅米一志
浦島太郎の日本史 ― 三舟隆之
戒名のはなし ― 藤井正雄
墓と葬送のゆくえ ― 森 謙二
仏画の見かた 描かれた仏たち ― 中野照男
ほとけを造った人びと 止利仏師から運慶・快慶まで ― 根立研介
〈日本美術〉の発見 岡倉天心がめざしたもの ― 吉田千鶴子
祇園祭 祝祭の京都 ― 川嶋將生
洛中洛外図屏風 つくられた〈京都〉を読み解く ― 小島道裕
茶の湯の文化史 近世の茶人たち ― 谷端昭夫
時代劇と風俗考証 やさしい有職故実入門 ― 二木謙一
化粧の日本史 美意識の移りかわり ― 山村博美
乱舞の中世 白拍子・乱拍子・猿楽 ― 沖本幸子
神社の本殿 建築にみる神の空間 ― 三浦正幸

歴史文化ライブラリー

- 古建築修復に生きる 屋根職人の世界——原田多加司
- 古建築を復元する 過去と現在の架け橋——海野　聡
- 大工道具の文明史 日本・中国・ヨーロッパの建築技術——渡邉　晶
- 苗字と名前の歴史——坂田　聡
- 日本人の姓・苗字・名前 人名に刻まれた歴史——大藤　修
- 読みにくい名前はなぜ増えたか——佐藤　稔
- 数え方の日本史——三保忠夫
- 大相撲行司の世界——根間弘海
- 日本料理の歴史——熊倉功夫
- 吉兆　湯木貞一 料理の道——末廣幸代
- 日本の味　醤油の歴史——林　玲子・天野雅敏 編
- 天皇の音楽史 古代・中世の帝王学——豊永聡美
- 流行歌の誕生 「カチューシャの唄」とその時代——永嶺重敏
- 話し言葉の日本史——野村剛史
- 日本語はだれのものか——川口　良・角田史幸
- 「国語」という呪縛 国語から日本語へ、そして〇〇語へ——川口　良・角田史幸
- 柳宗悦と民藝の現在——松井　健
- 遊牧という文化 移動の生活戦略——松井　健
- マザーグースと日本人——鷲津名都江
- 金属が語る日本史 銭貨・日本刀・鉄炮——齋藤　努
- 書物に魅せられた英国人 フランク・ホーレーと日本文化——横山　學
- 災害復興の日本史——安田政彦
- 夏が来なかった時代 歴史を動かした気候変動——桜井邦朋

民俗学・人類学

- 日本人の誕生 人類はるかなる旅——埴原和郎
- 倭人への道 人骨の謎を追って——中橋孝博
- 神々の原像 祭祀の小宇宙——新谷尚紀
- 女人禁制——鈴木正崇
- 役行者と修験道の歴史——宮家　準
- 鬼の復権——萩原秀三郎
- 幽霊　近世都市が生み出した化物——高岡弘幸
- 雑穀を旅する——増田昭子
- 川は誰のものか 人と環境の民俗学——菅　豊
- 名づけの民俗学 地名・人名はどう命名されてきたか——田中宣一
- 番と衆 日本社会の東と西——福田アジオ
- 記憶すること・記録すること 聞き書き論ノート——香月洋一郎
- 番茶と日本人——中村羊一郎
- 踊りの宇宙 日本の民族芸能——三隅治雄
- 日本の祭りを読み解く——真野俊和
- 柳田国男 その生涯と思想——川田　稔
- 海のモンゴロイド ポリネシア人の祖先をもとめて——片山一道

歴史文化ライブラリー

世界史

中国古代の貨幣 お金をめぐる人びとと暮らし——柿沼陽平
黄金の島 ジパング伝説——宮崎正勝
琉球と中国 忘れられた冊封使——原田禹雄
古代の琉球弧と東アジア——山里純一
アジアのなかの琉球王国——高良倉吉
琉球国の滅亡とハワイ移民——鳥越皓之
イングランド王国と闘った男 ジェラルド・オブ・ウェールズの時代——桜井俊彰
魔女裁判 魔術と民衆のドイツ史——牟田和男
フランスの中世社会 王と貴族たちの軌跡——渡辺節夫
ヒトラーのニュルンベルク 第三帝国の光と闇——芝 健介
人権の思想史——浜林正夫
グローバル時代の世界史の読み方——宮崎正勝

考古学

タネをまく縄文人 最新科学が覆す農耕の起源——小畑弘己
農耕の起源を探る イネの来た道——宮本一夫
O脚だったかもしれない縄文人 人骨は語る——谷畑美帆
老人と子供の考古学——山田康弘
〈新〉弥生時代 五〇〇年早かった水田稲作——藤尾慎一郎
交流する弥生人 金印国家群の時代の生活誌——高倉洋彰
樹木と暮らす古代人 木製品が語る弥生・古墳時代——樋上 昇
古 墳——土生田純之
東国から読み解く古墳時代——若狭 徹
神と死者の考古学 古代のまつりと信仰——笹生 衛
国分寺の誕生 古代日本の国家プロジェクト——須田 勉
銭の考古学——鈴木公雄

古代史

邪馬台国 魏使が歩いた道——丸山雍成
邪馬台国の滅亡 大和王権の征服戦争——若井敏明
日本語の誕生 古代の文字と表記——沖森卓也
日本国号の歴史——小林敏男
古事記のひみつ 歴史書の成立——三浦佑之
日本神話を語ろう イザナキ・イザナミの物語——中村修也
東アジアの日本書紀 歴史書の誕生——遠藤慶太
〈聖徳太子〉の誕生——大山誠一
倭国と渡来人 交錯する「内」と「外」——田中史生
大和の豪族と渡来人 葛城・蘇我氏と大伴・物部氏——加藤謙吉
白村江の真実 新羅王・金春秋の策略——中村修也
よみがえる古代山城 国際戦争と防衛ライン——向井一雄
古代豪族と武士の誕生——森 公章
飛鳥の宮と藤原京 よみがえる古代王宮——林部 均
出雲国誕生——大橋泰夫

歴史文化ライブラリー

古代出雲―前田晴人
エミシ・エゾからアイヌへ―児島恭子
古代の皇位継承 天武系皇統は実在したか―遠山美都男
持統女帝と皇位継承―倉本一宏
古代天皇家の婚姻戦略―荒木敏夫
高松塚・キトラ古墳の謎―山本忠尚
壬申の乱を読み解く―早川万年
家族の古代史 恋愛・結婚・子育て―梅村恵子
万葉集と古代史―直木孝次郎
地方官人たちの古代史 律令国家を支えた人びと―中村順昭
古代の都はどうつくられたか 中国・日本・朝鮮・渤海―吉田 歓
平城京に暮らす 天平びとの泣き笑い―馬場 基
平城京の住宅事情 貴族はどこに住んだのか―近江俊秀
すべての道は平城京へ 古代国家の〈支配の道〉―市 大樹
都はなぜ移るのか 遷都の古代史―仁藤敦史
聖武天皇が造った都 難波宮・恭仁宮・紫香楽宮―小笠原好彦
悲運の遣唐僧 円載の数奇な生涯―佐伯有清
遣唐使の見た中国―古瀬奈津子
古代の女性官僚 女官の出世・結婚・引退―伊集院葉子
平安朝 女性のライフサイクル―服藤早苗
平安京のニオイ―安田政彦
平安京の災害史 都市の危機と再生―北村優季
平安京はいらなかった 古代の夢を喰らう中世―桃崎有一郎
天台仏教と平安朝文人―後藤昭雄
藤原摂関家の誕生 平安時代史の扉―米田雄介
安倍晴明 陰陽師たちの平安時代―繁田信一
平安時代の死刑 なぜ避けられたのか―戸川 点
古代の神社と祭り―三宅和朗
時間の古代史 霊鬼の夜、秩序の昼―三宅和朗

各冊一七〇〇円～一九〇〇円（いずれも税別）
▽残部僅少の書目も掲載してあります。品切の節はご容赦下さい。